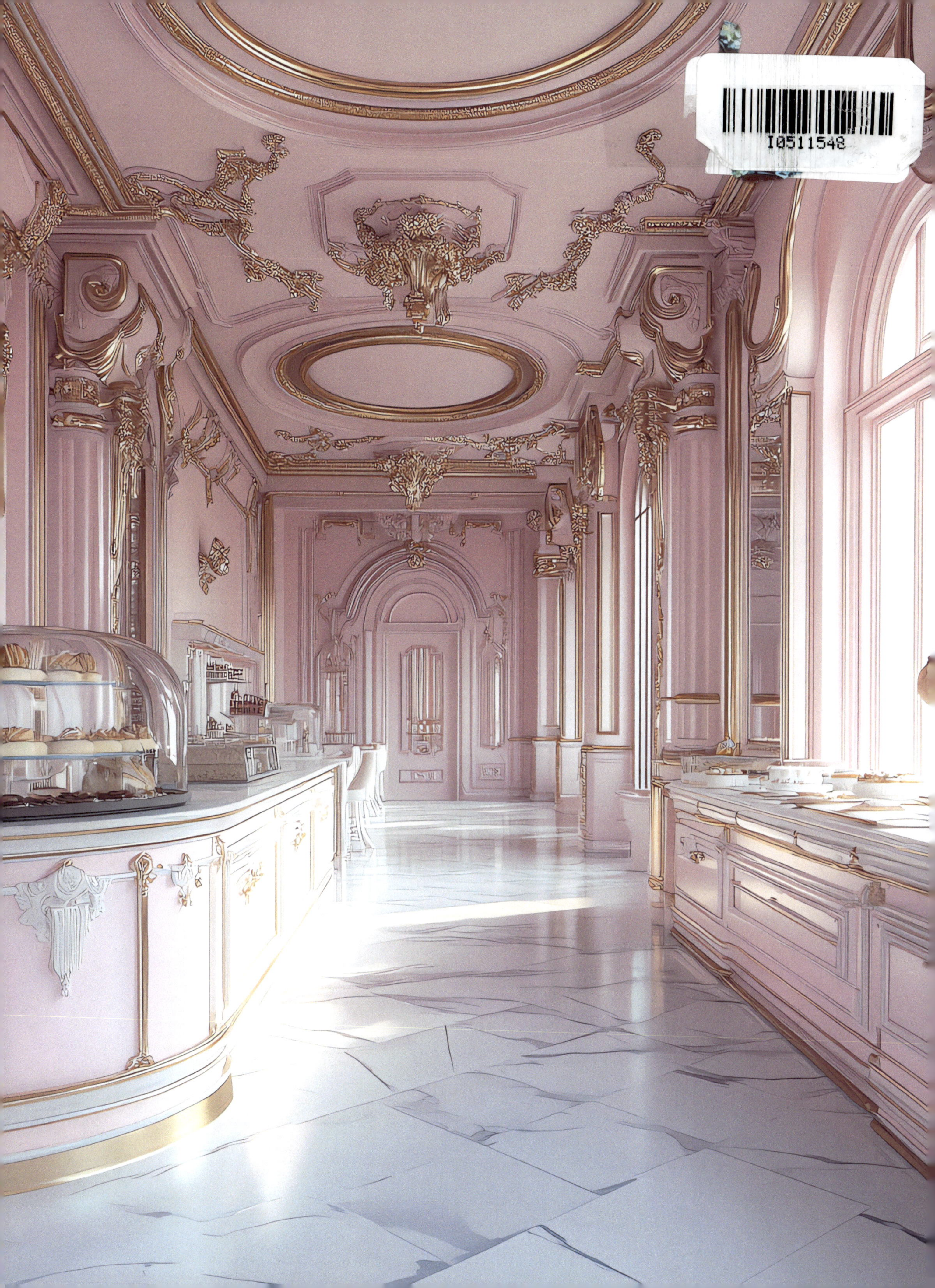

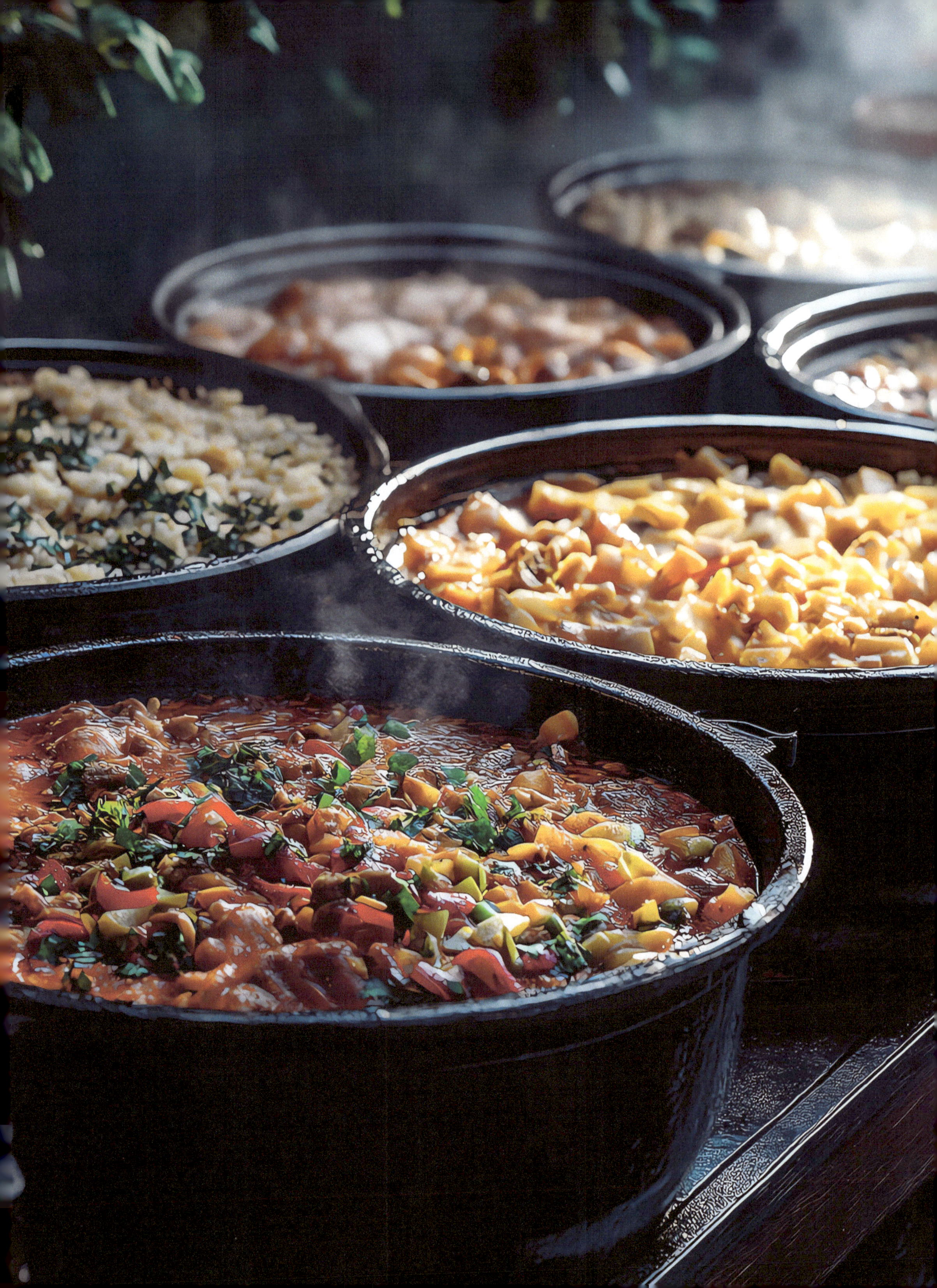

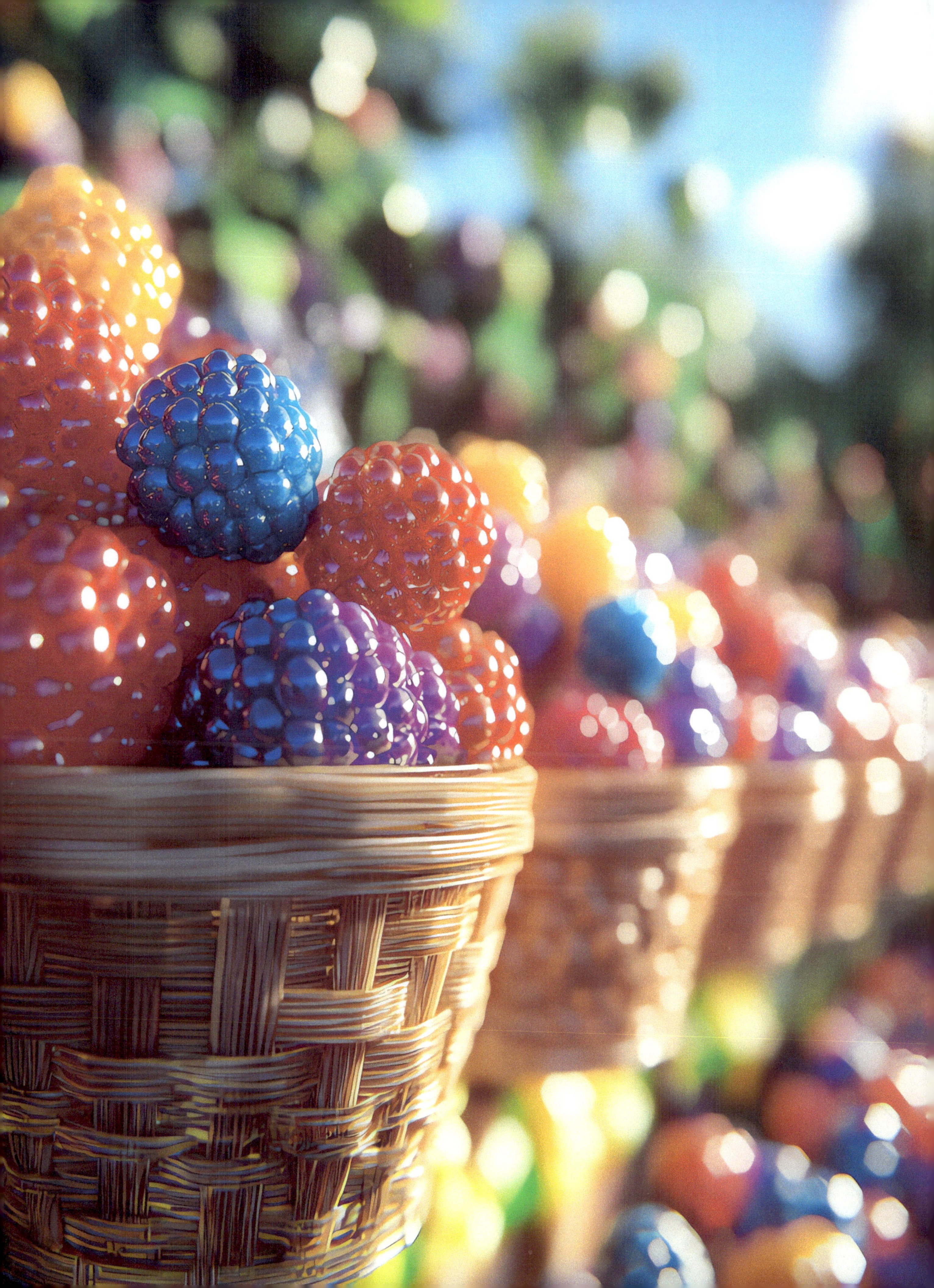

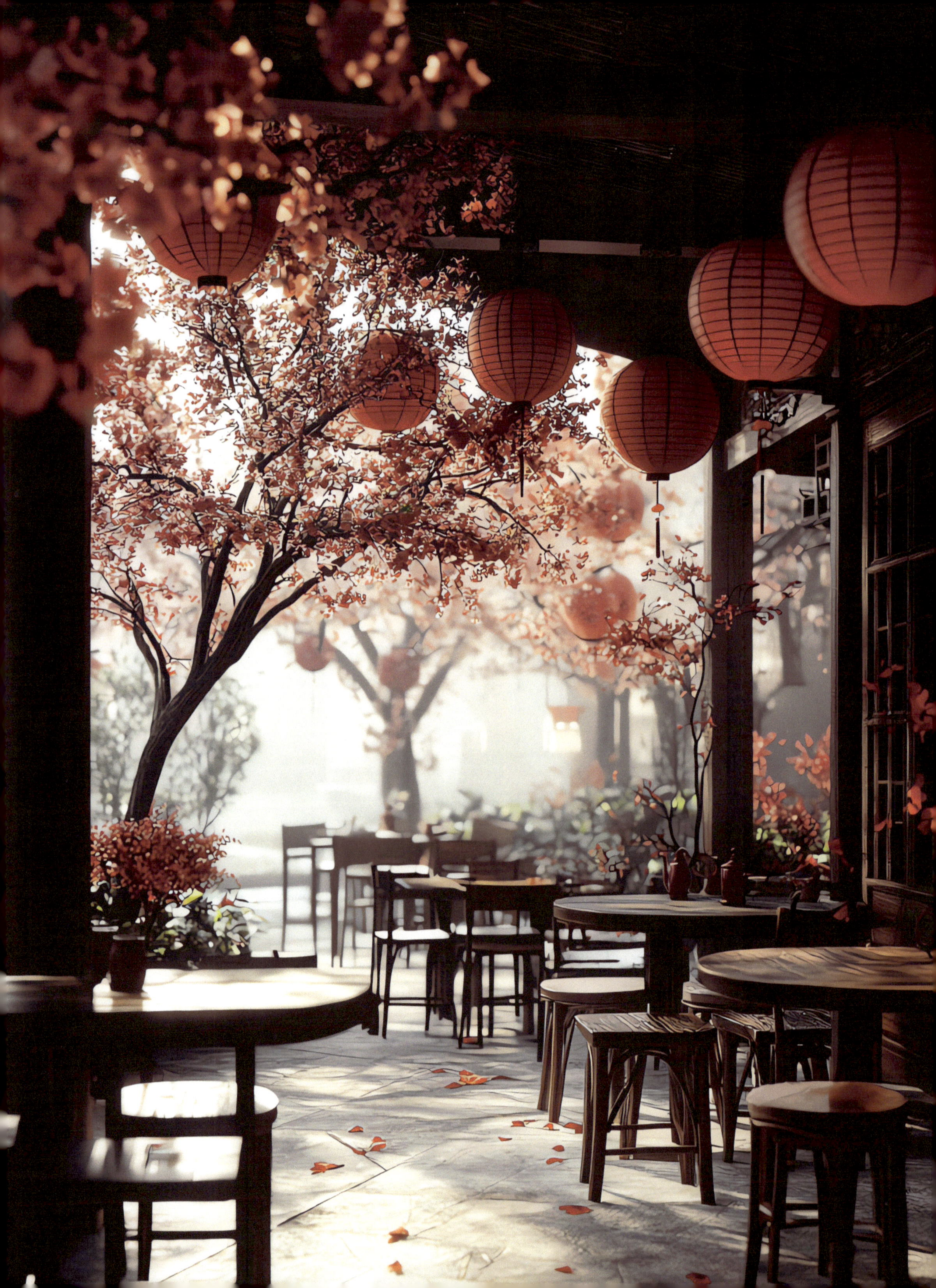

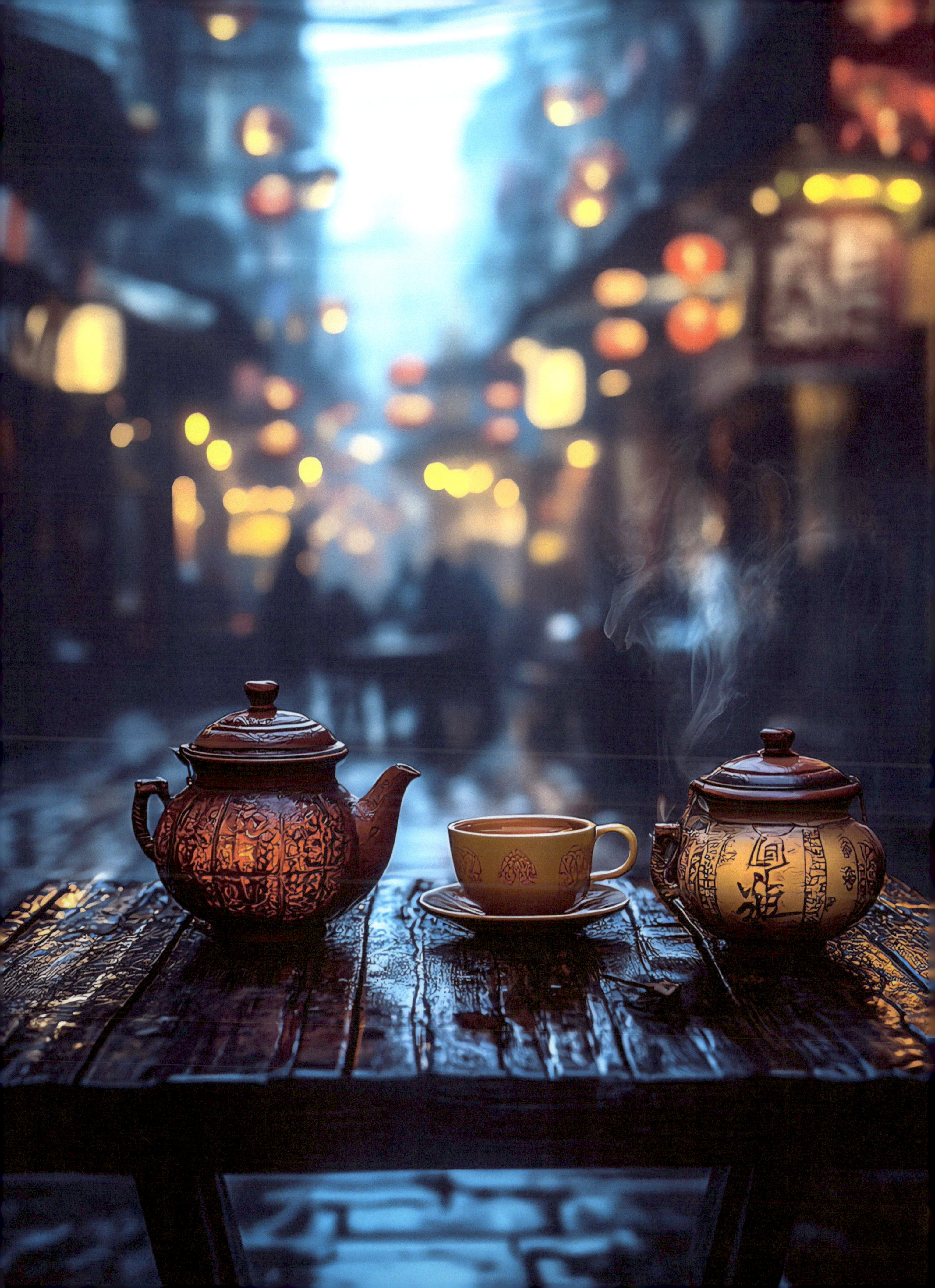

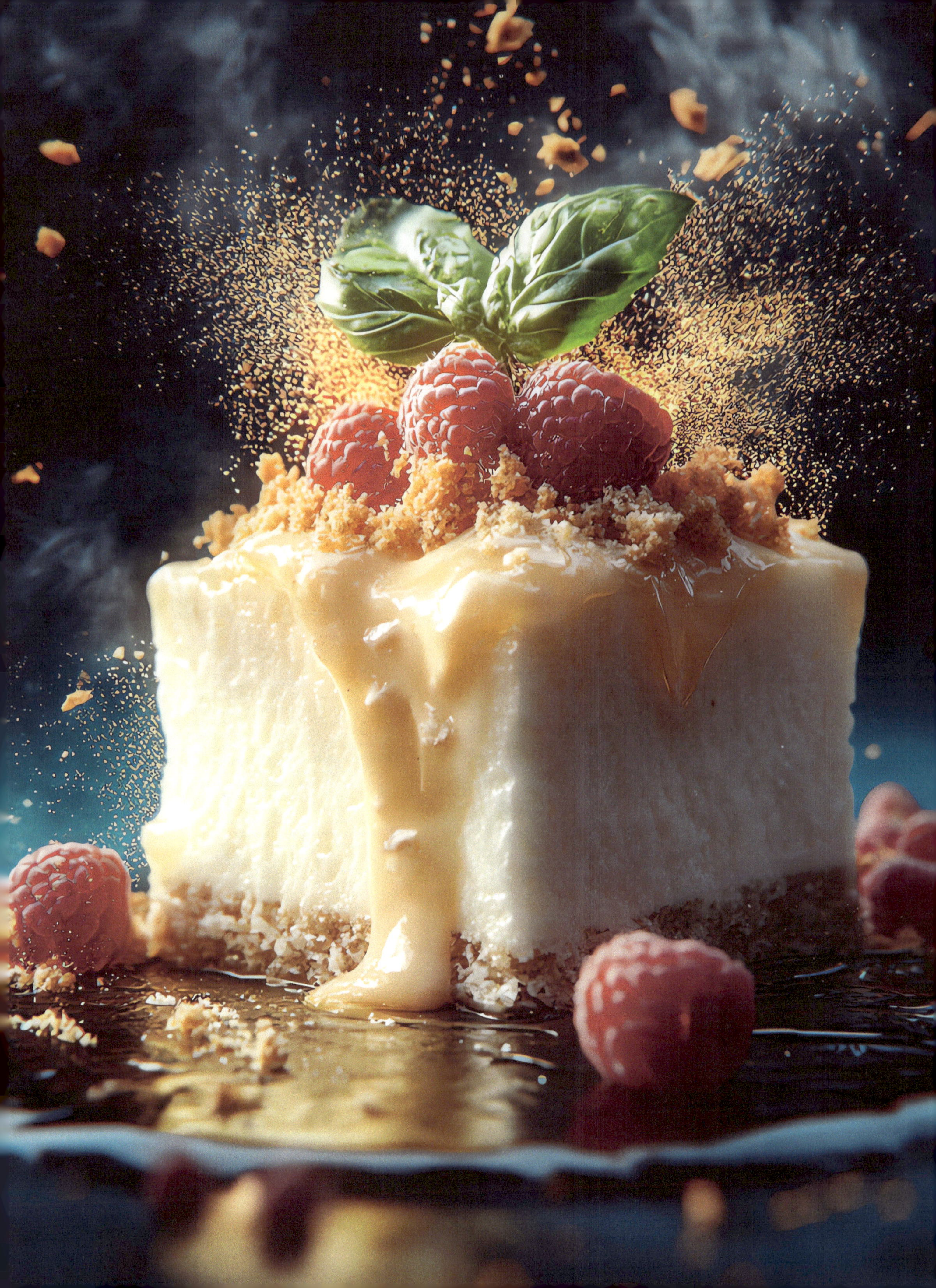

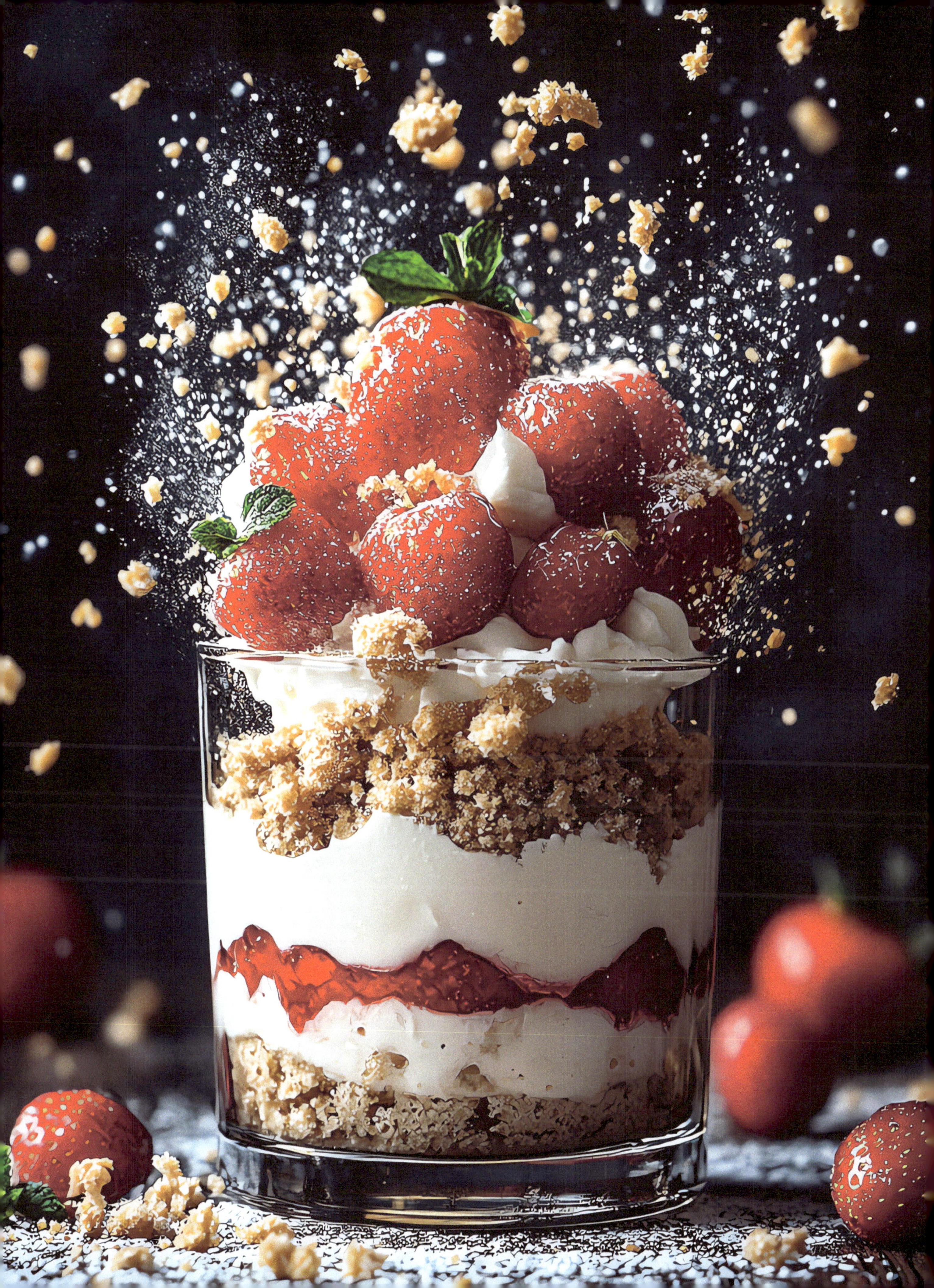

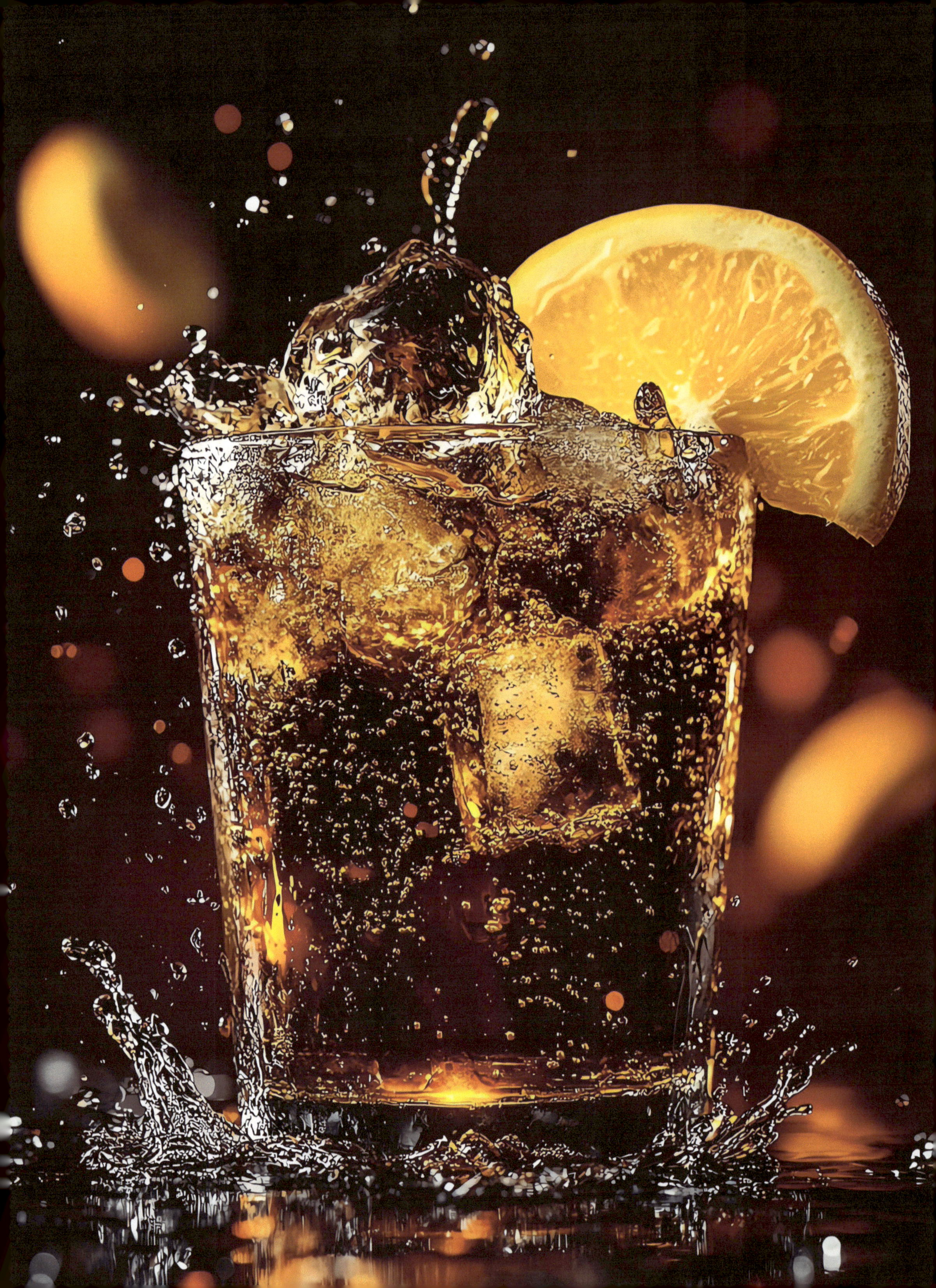

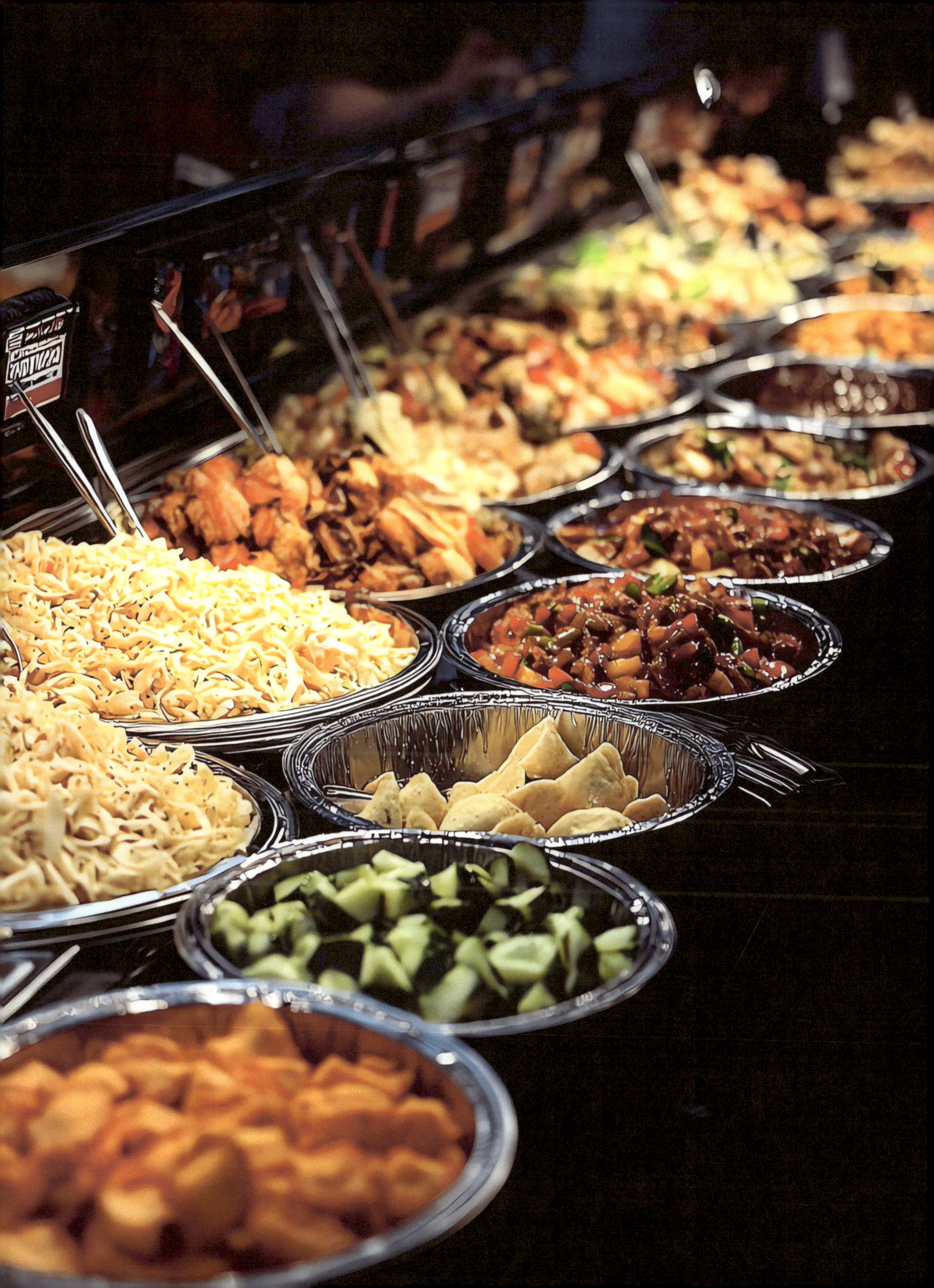

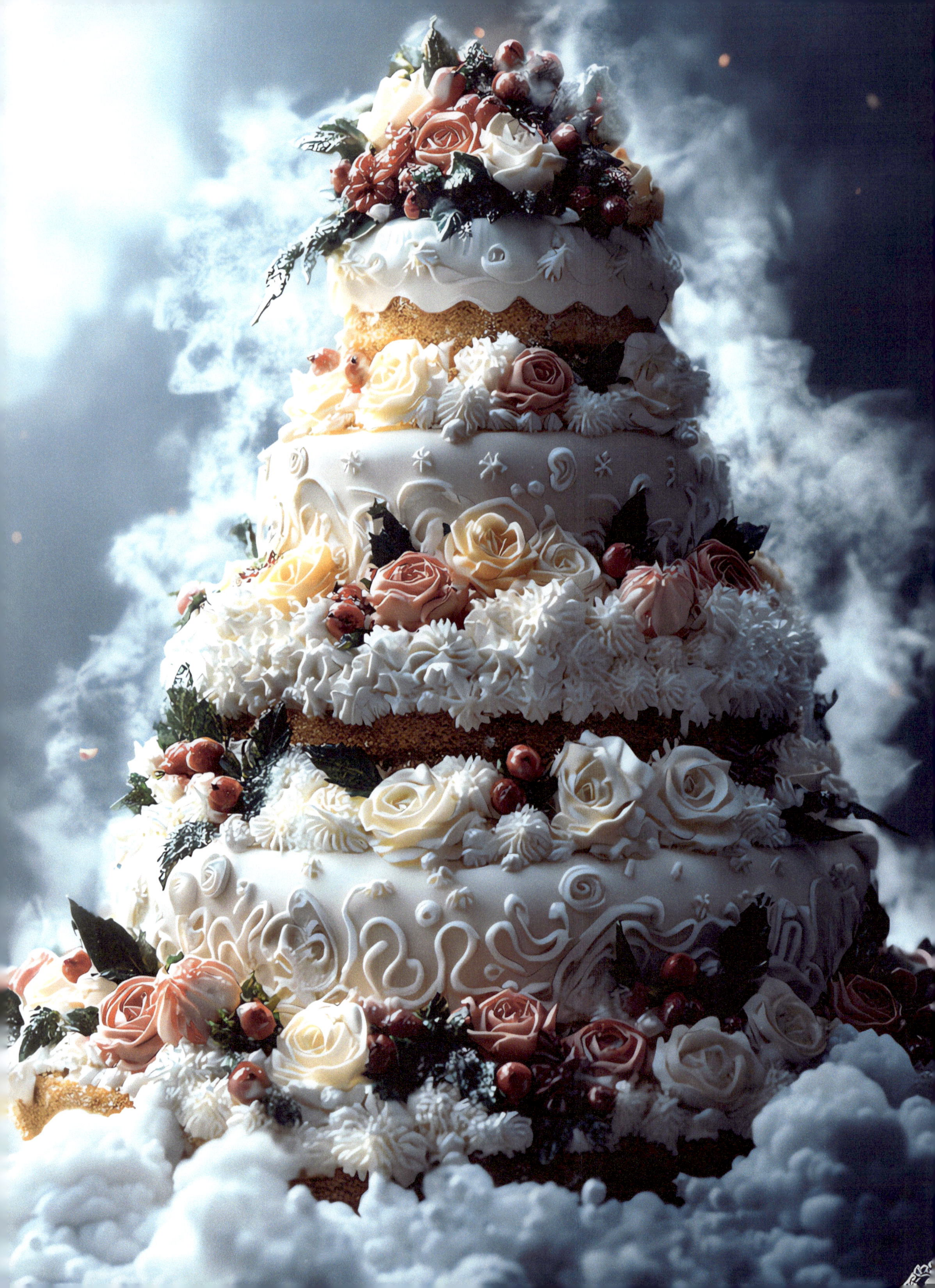

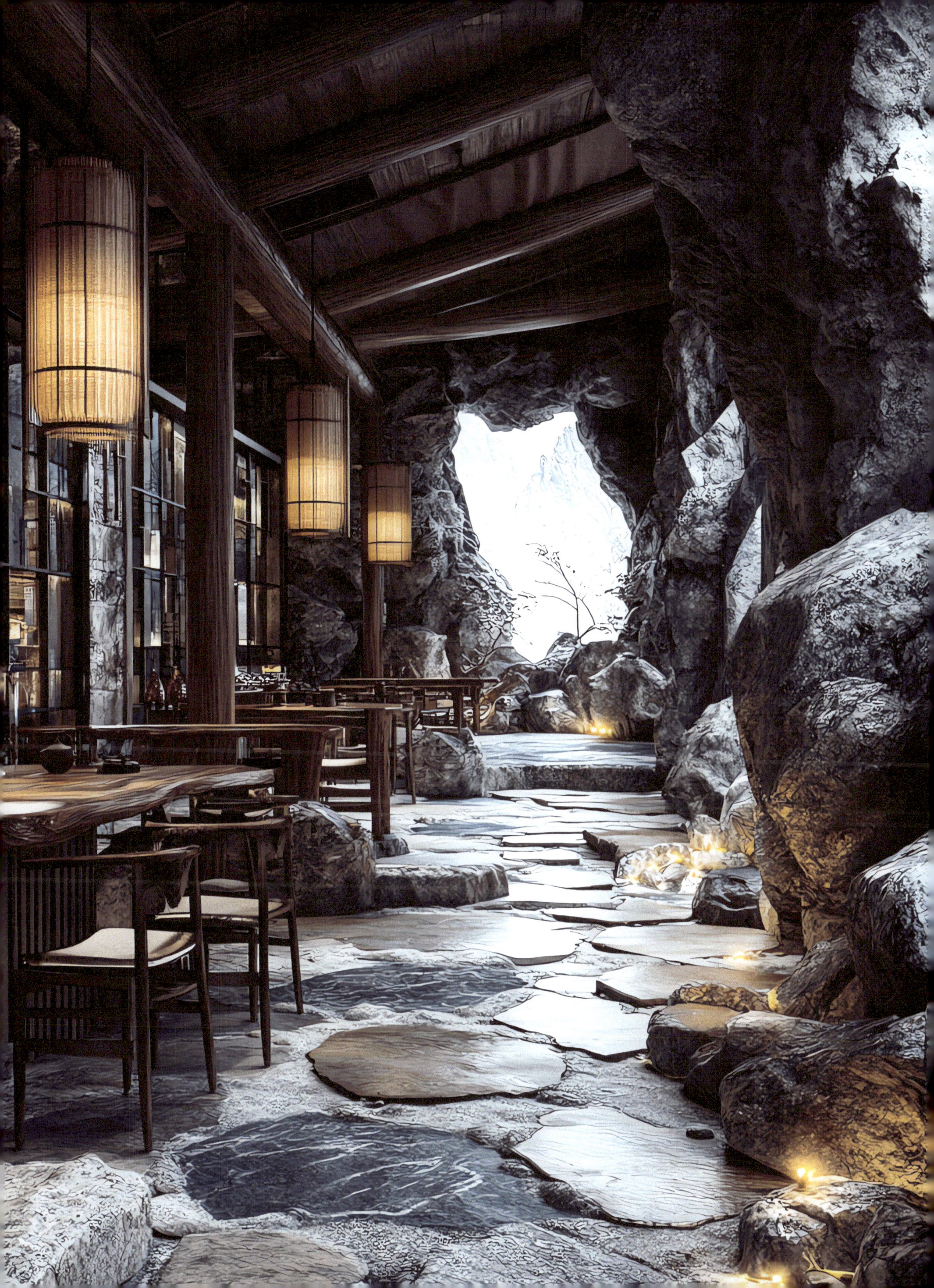

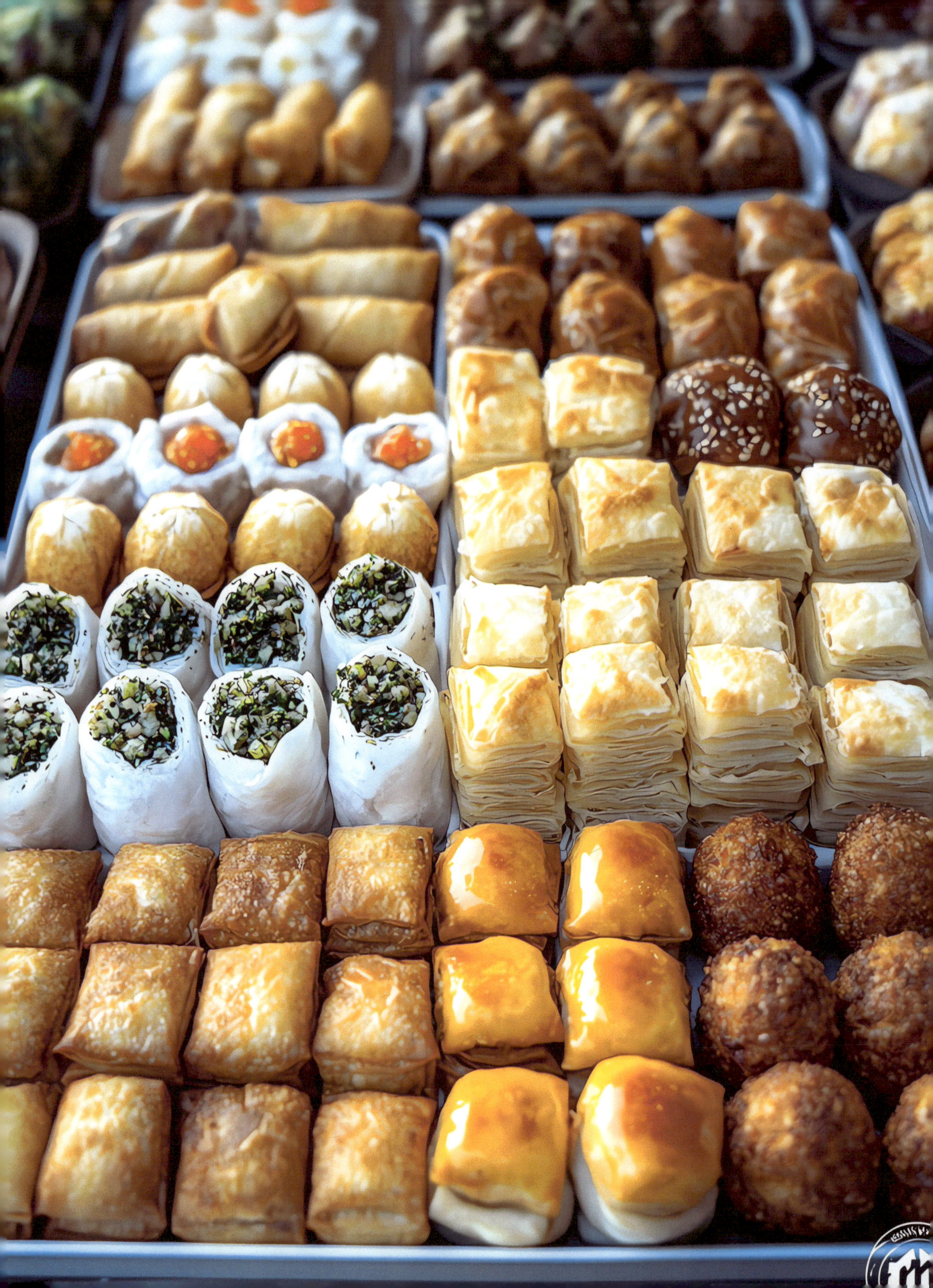

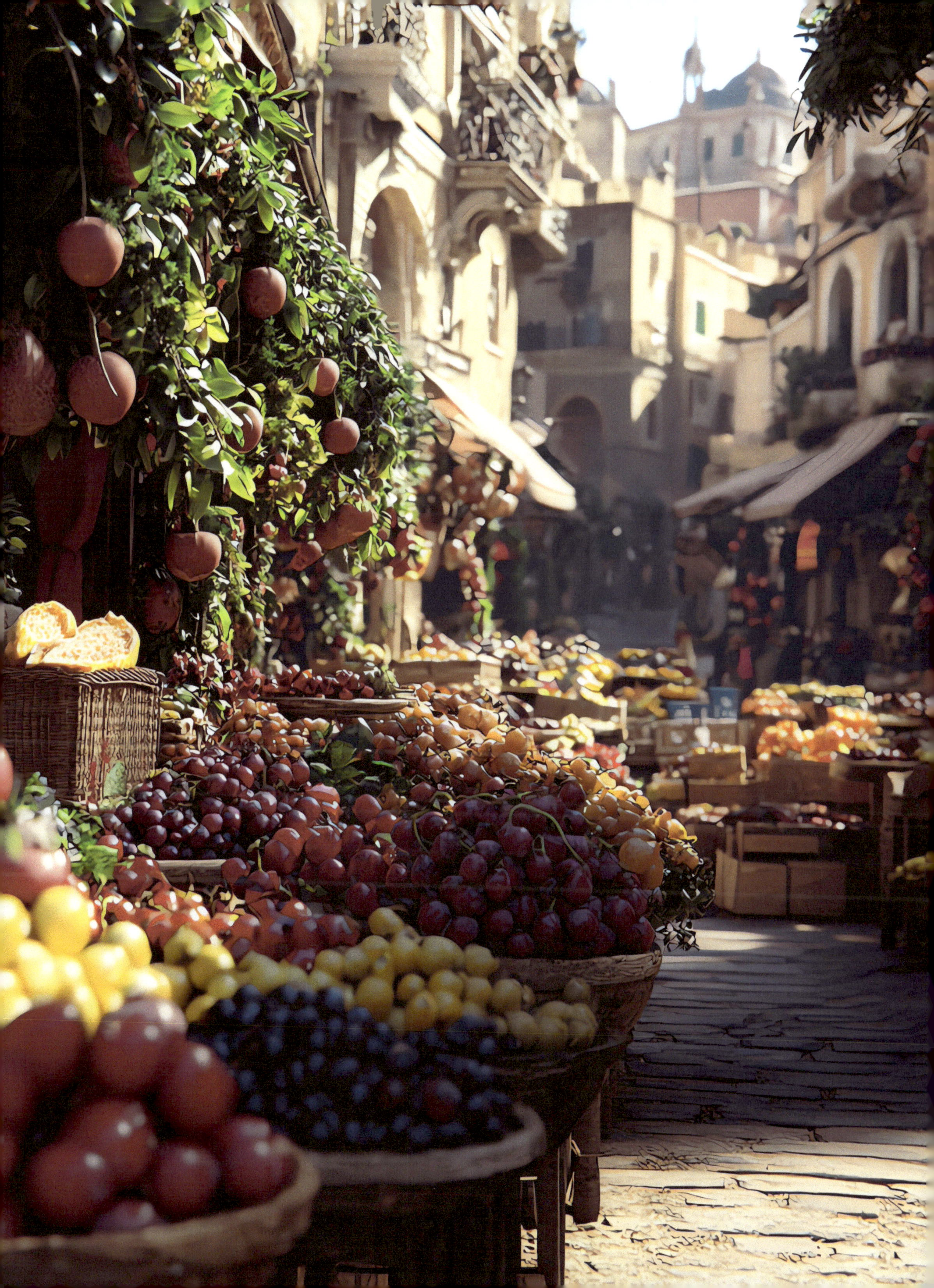

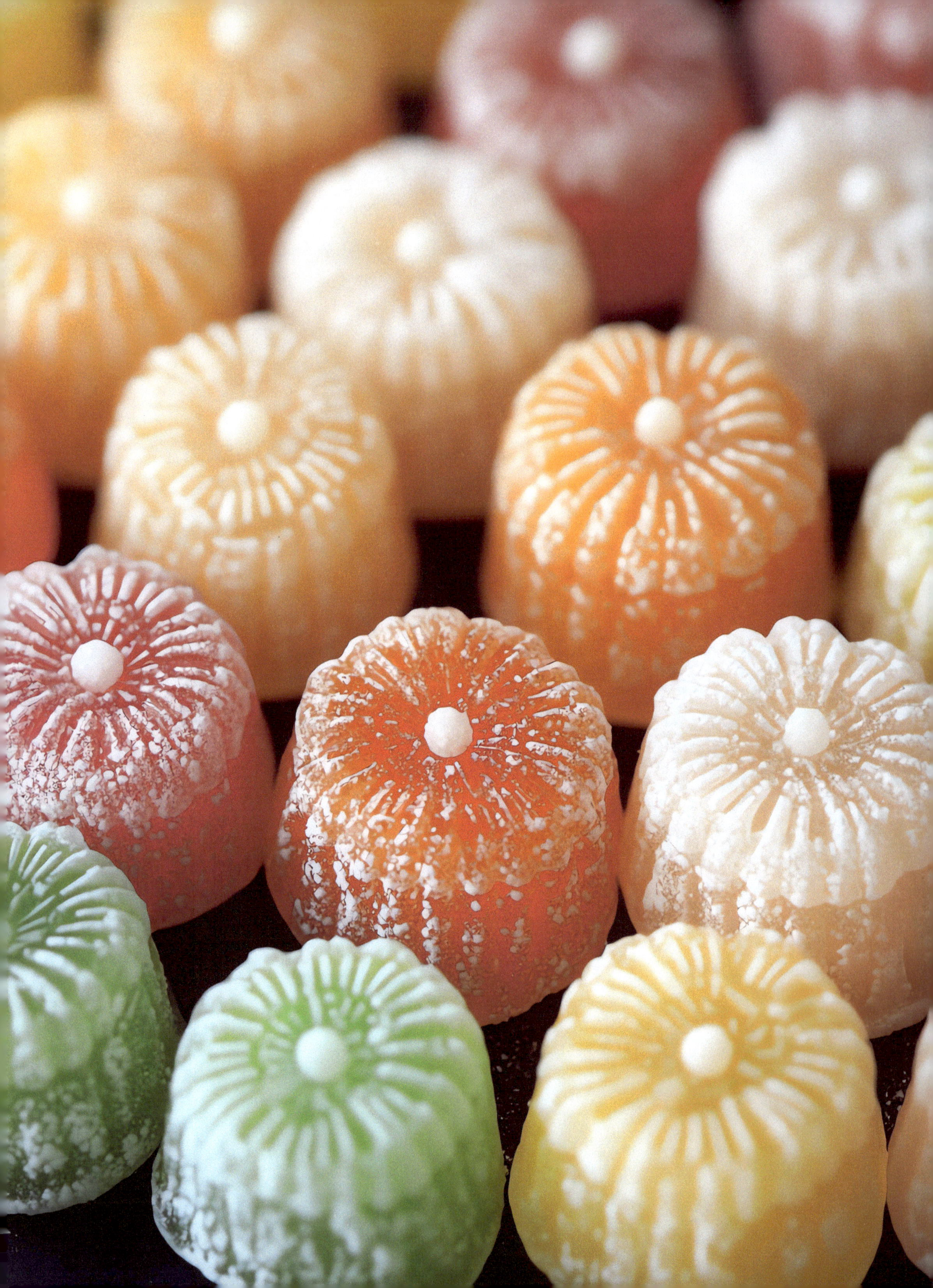

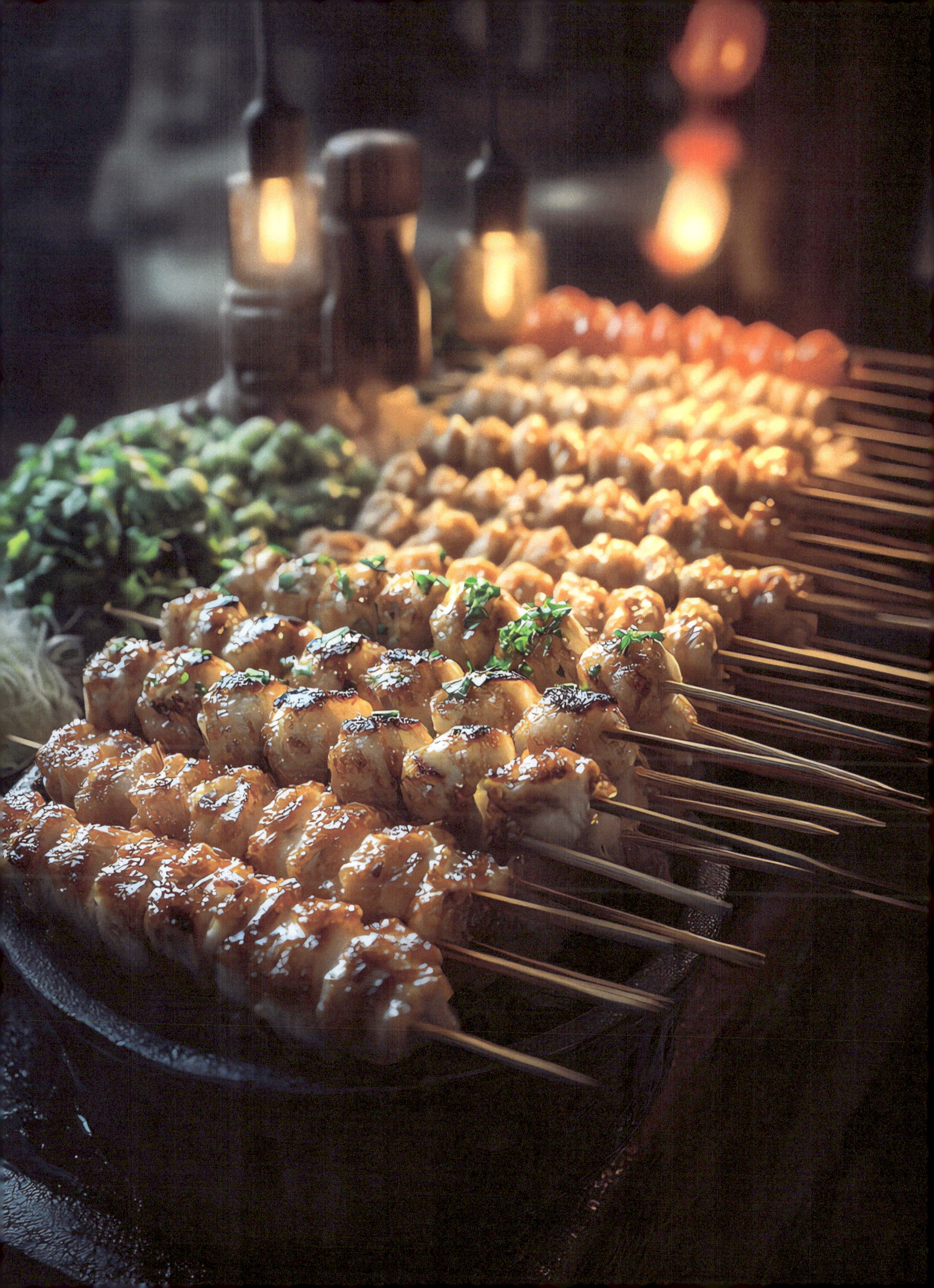

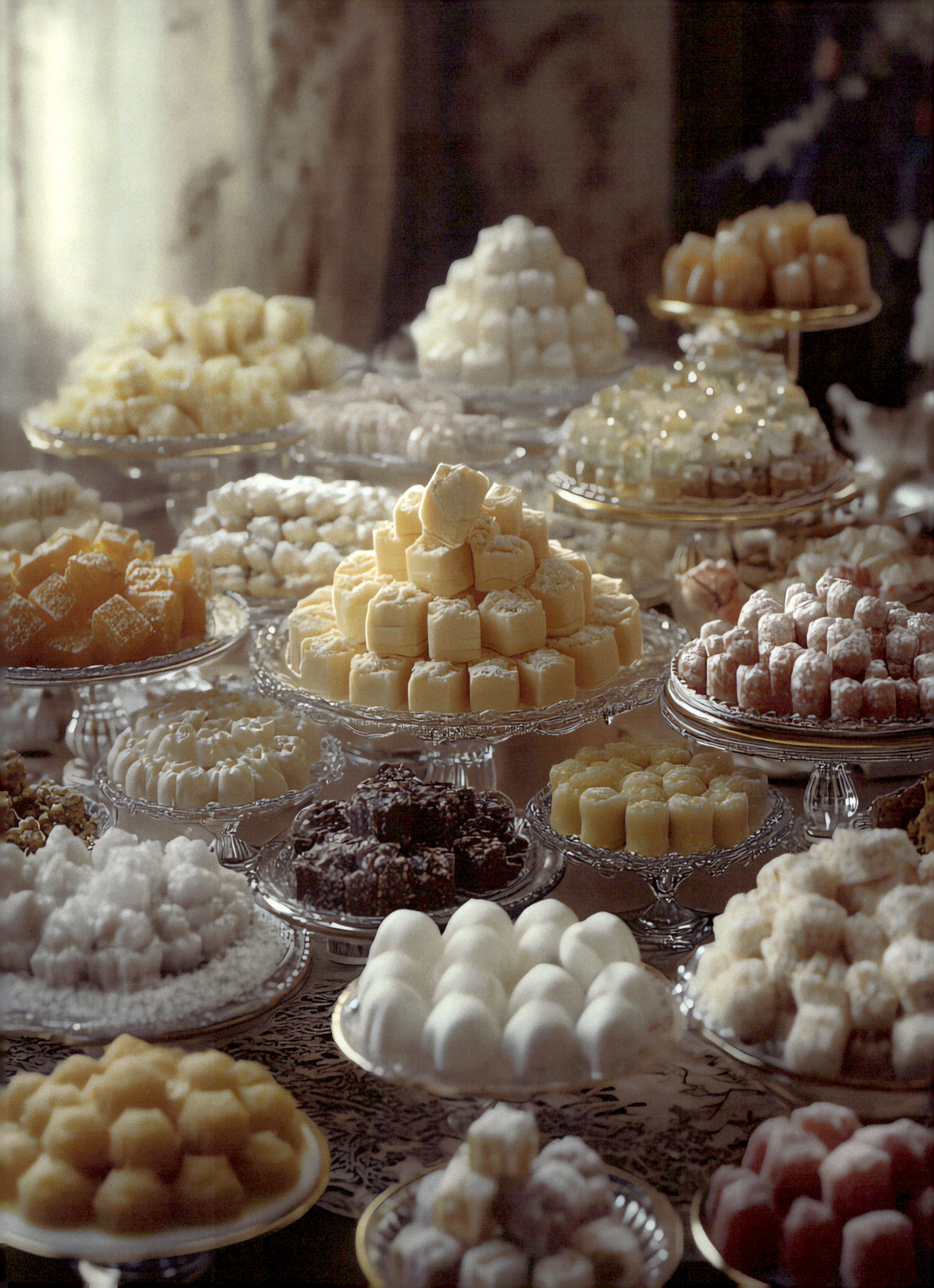

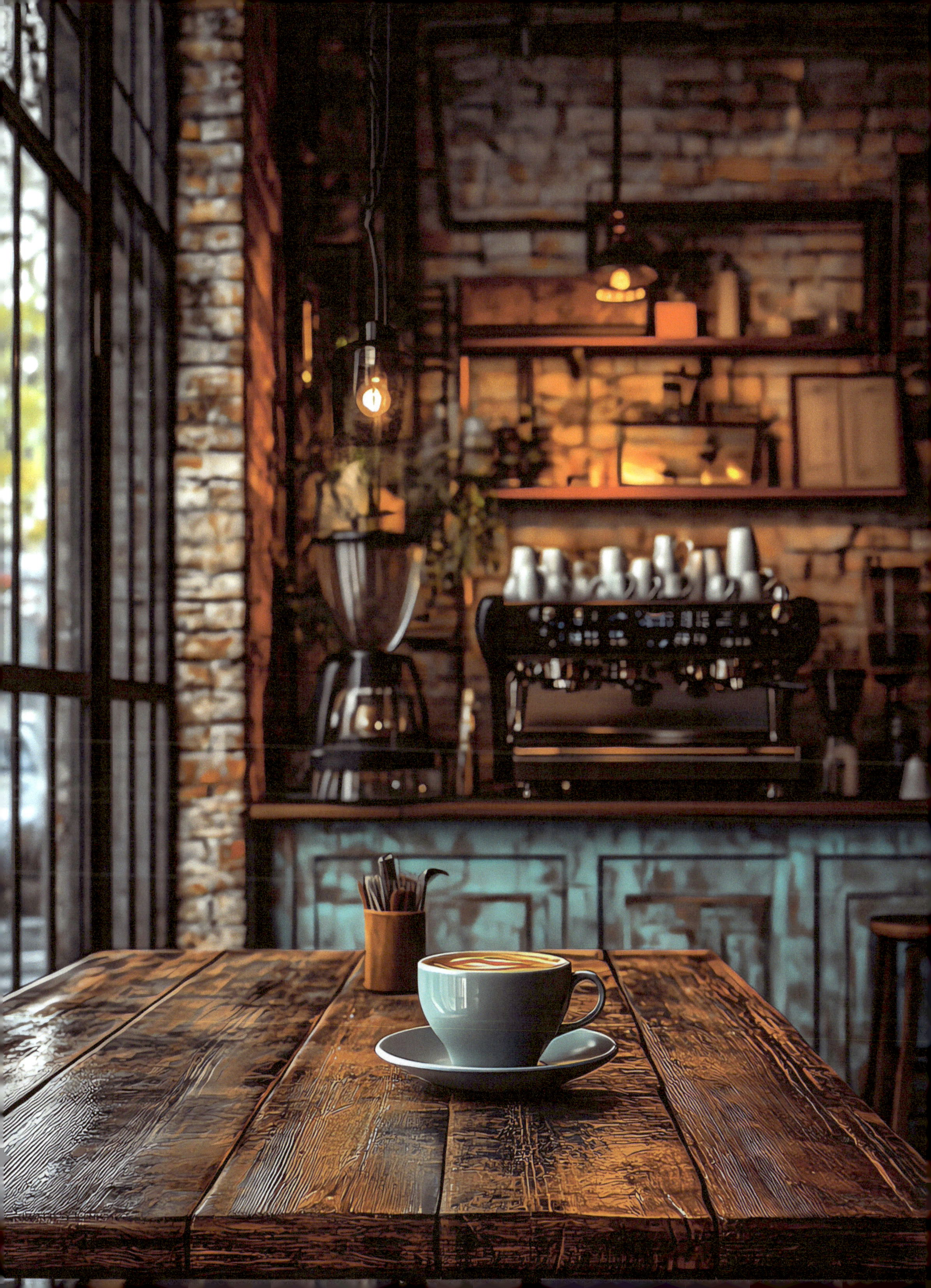

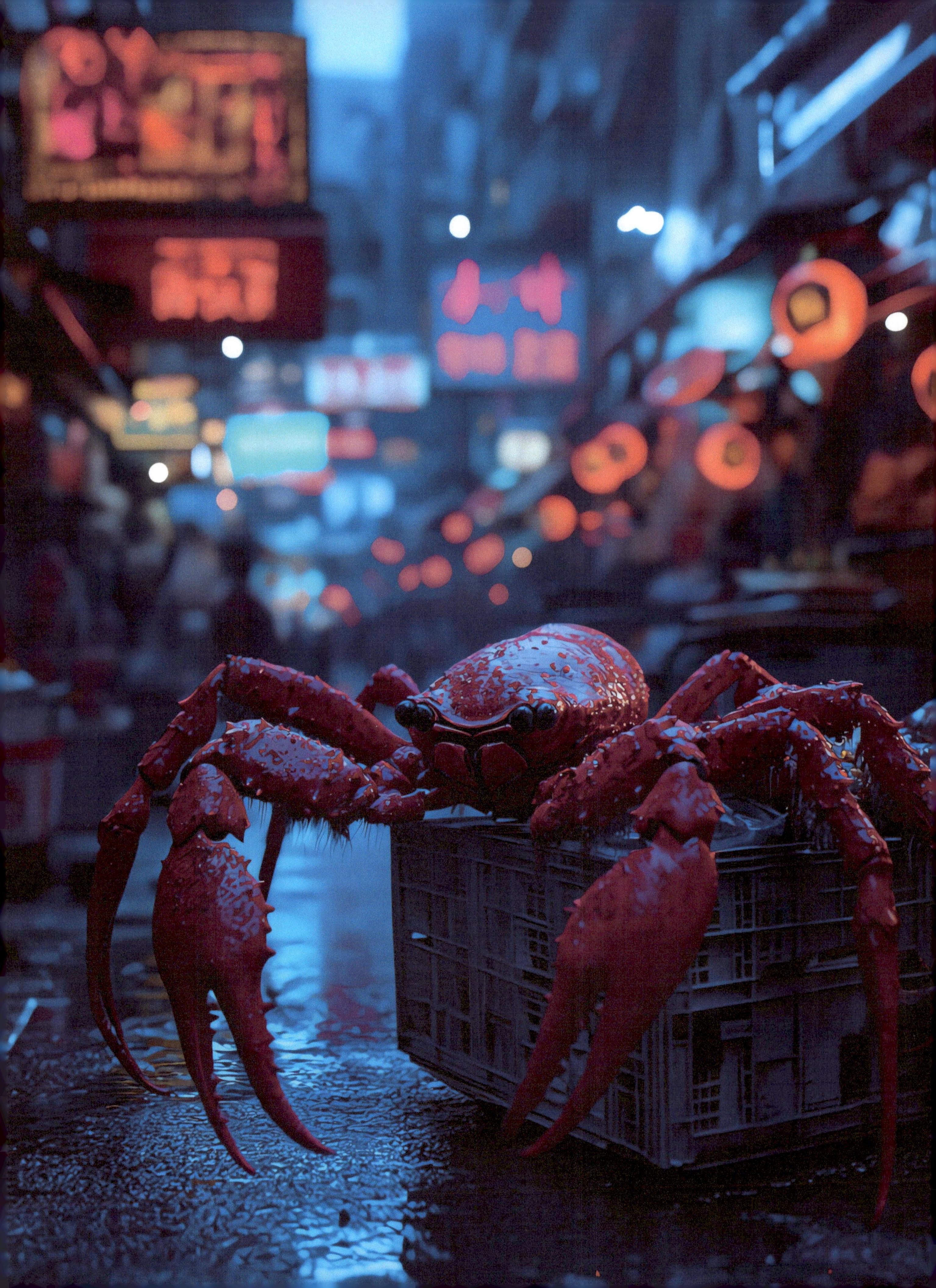

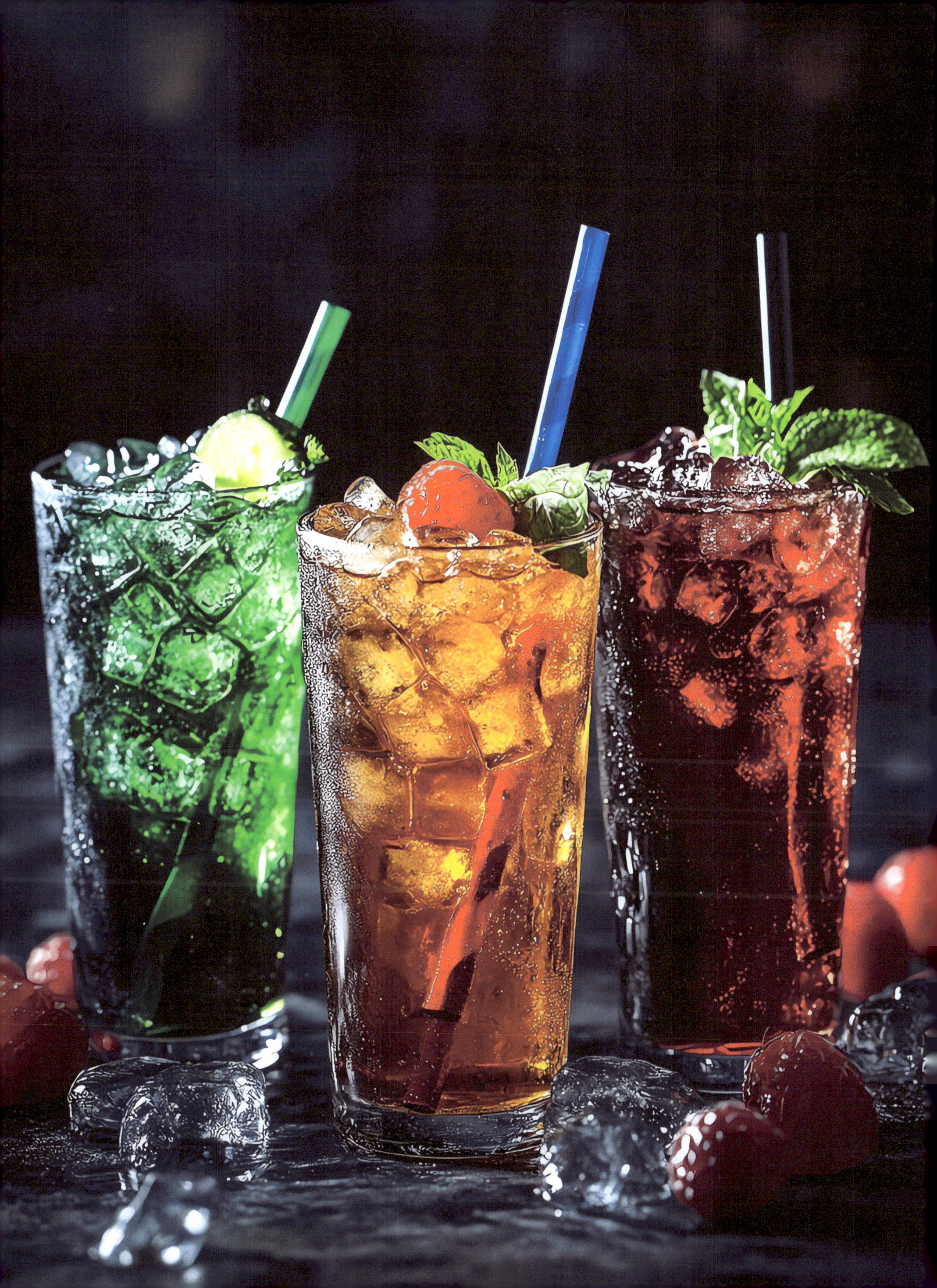

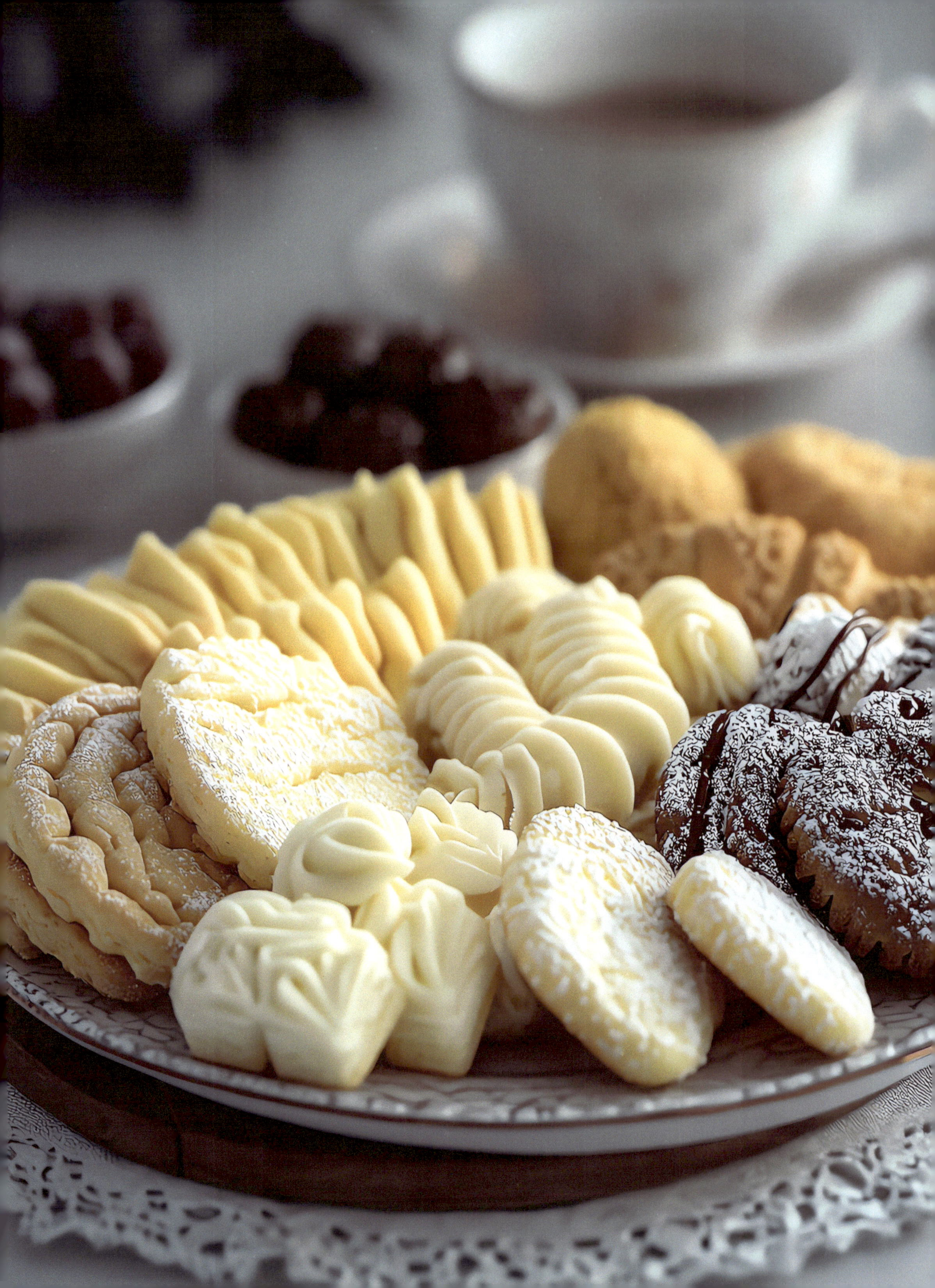

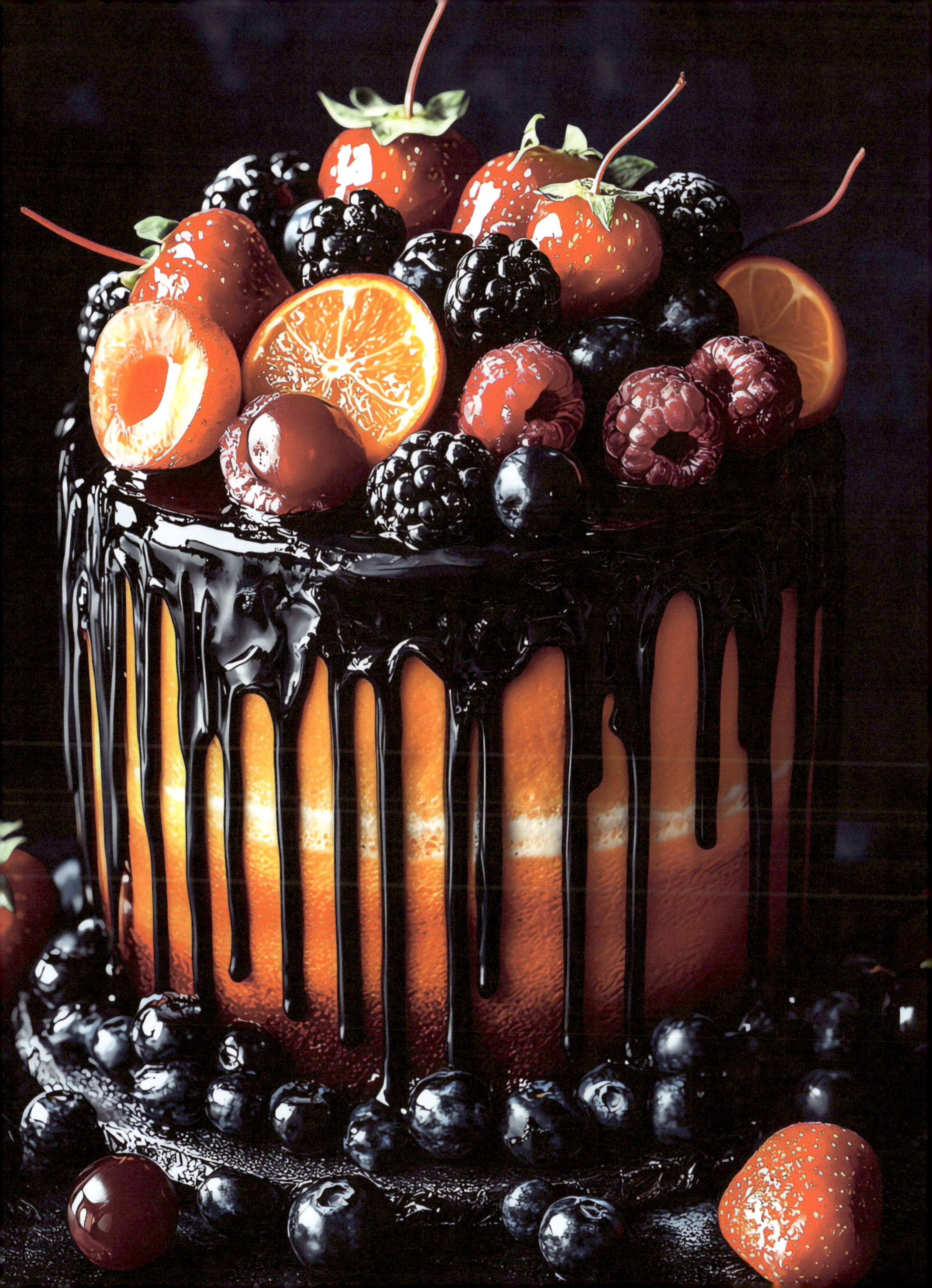

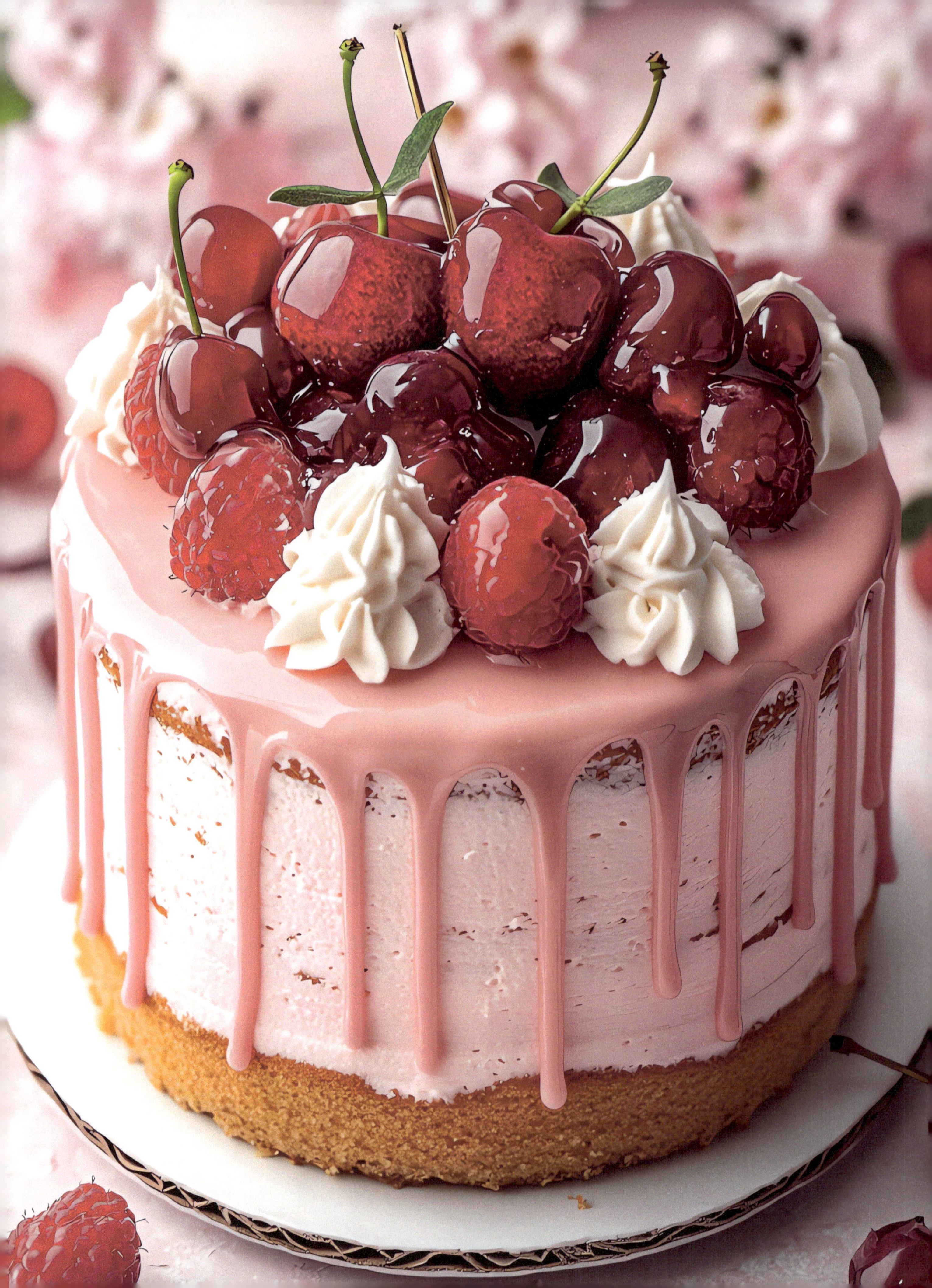

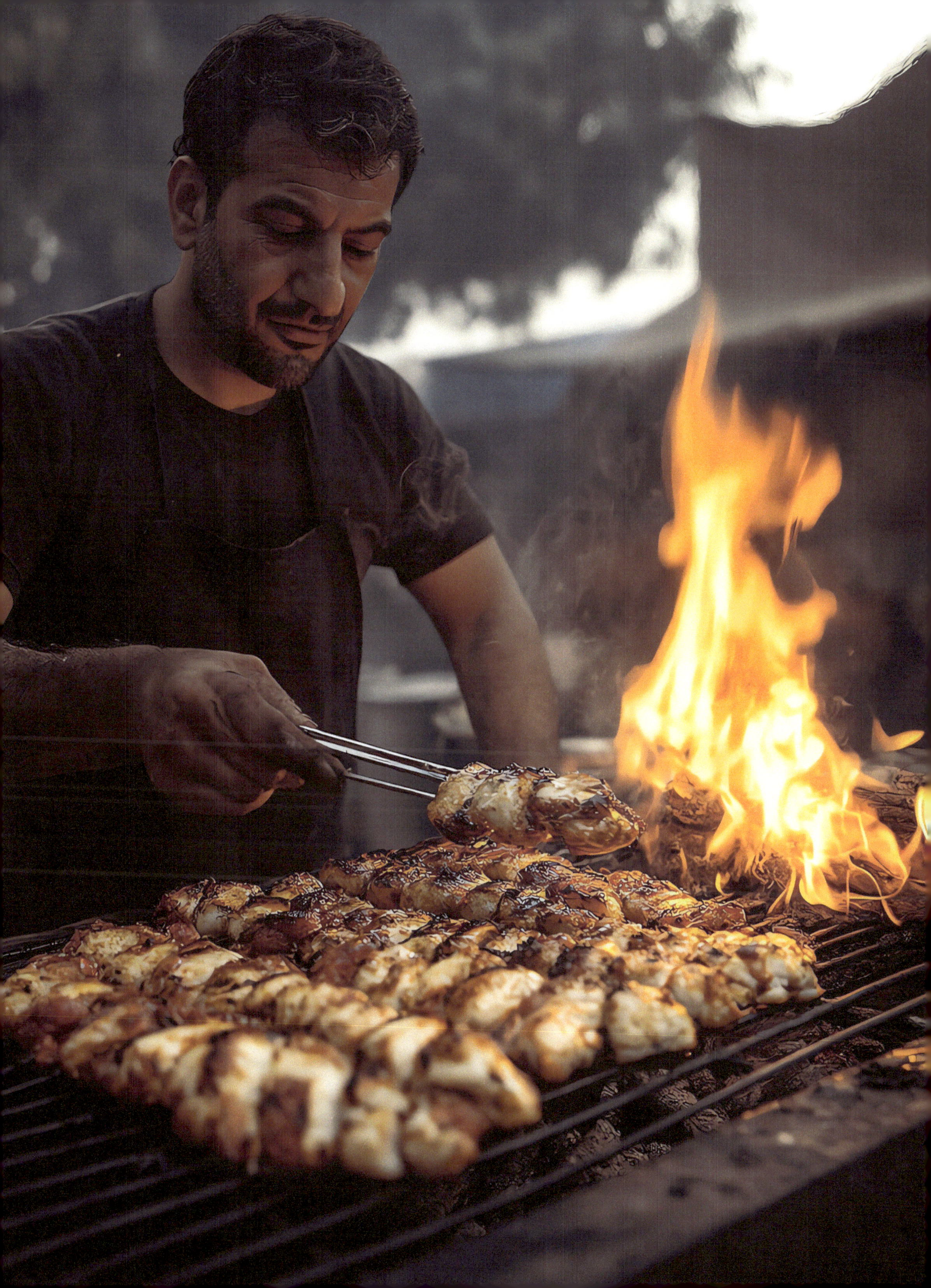

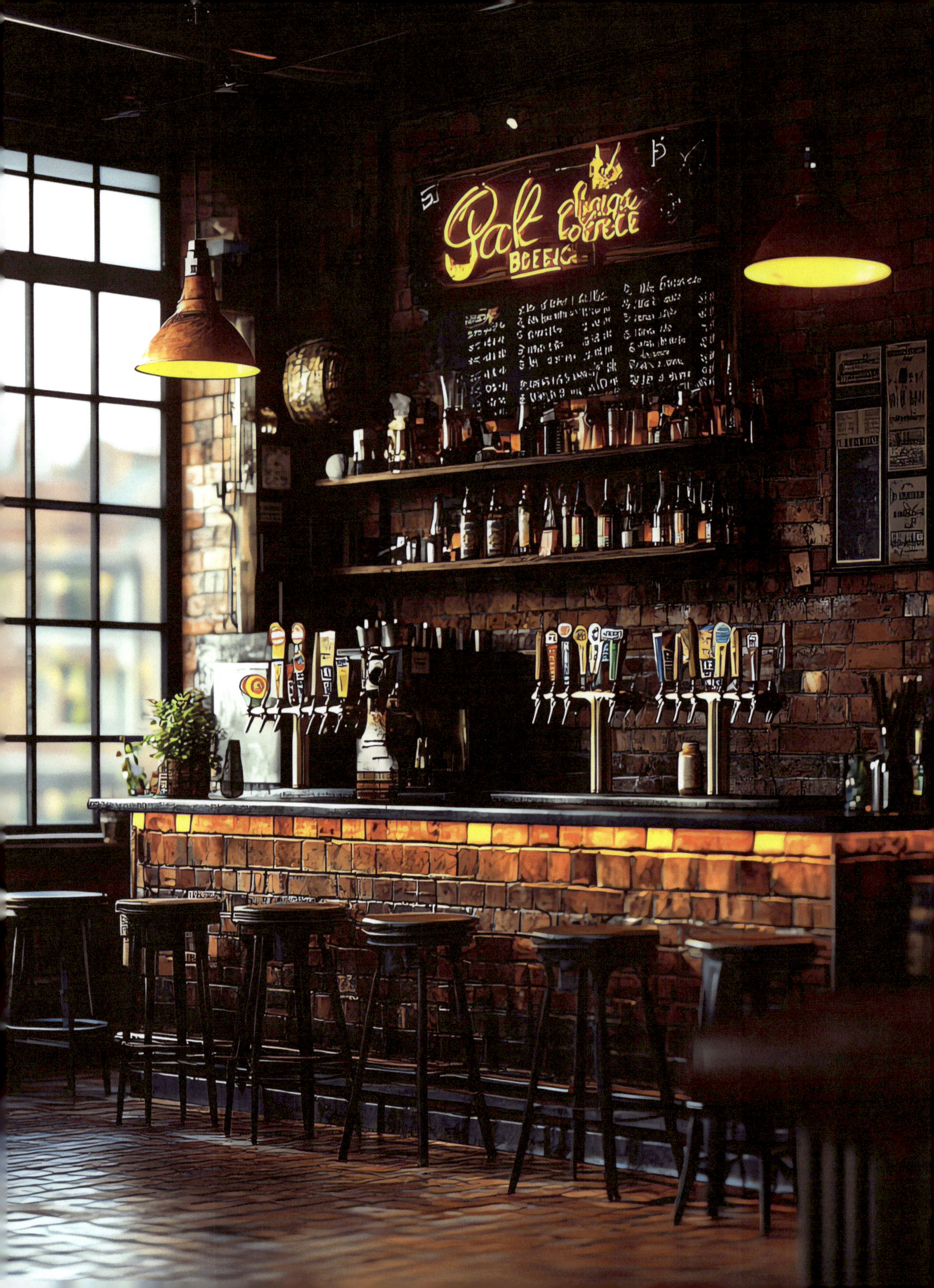

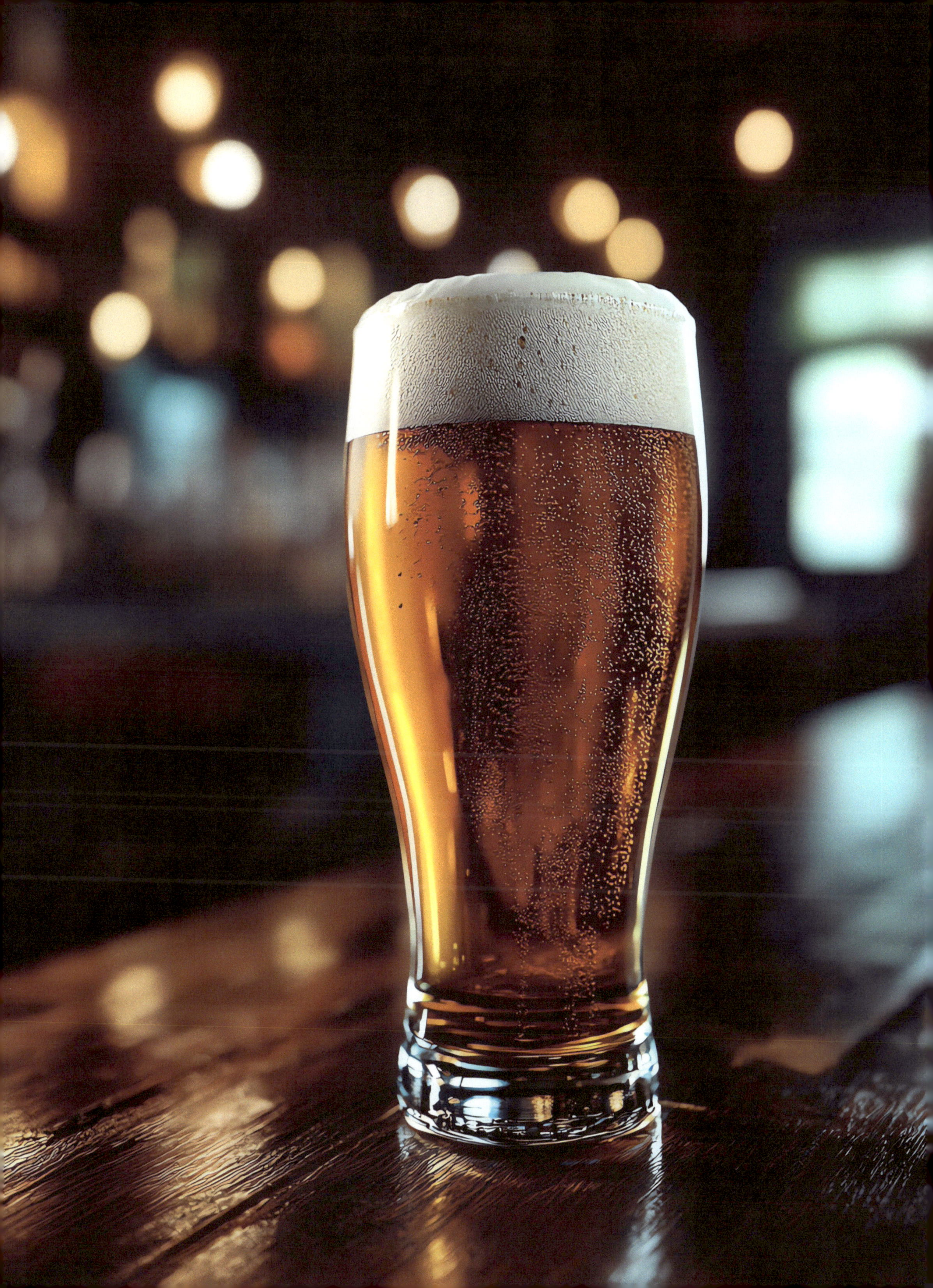

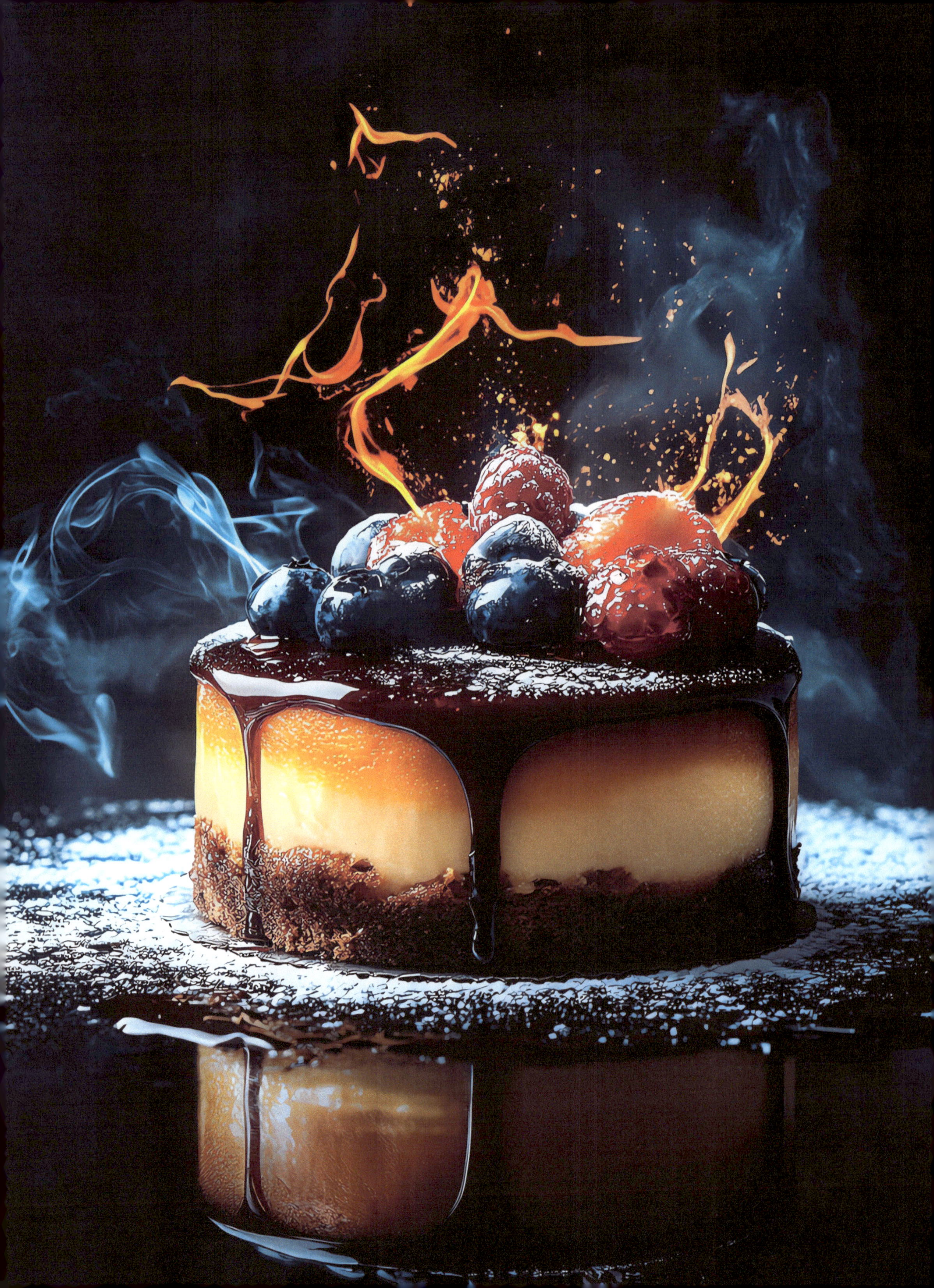

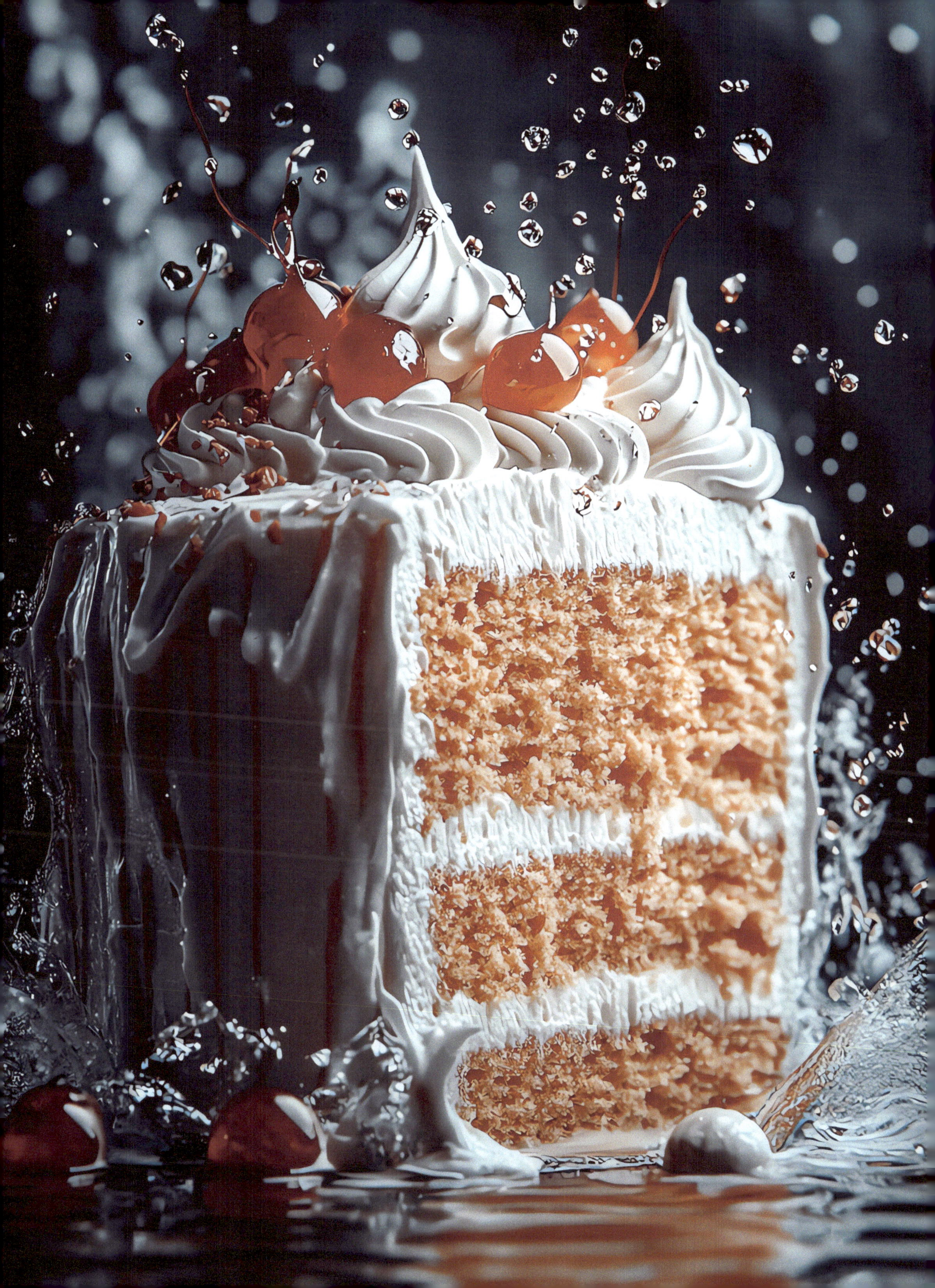

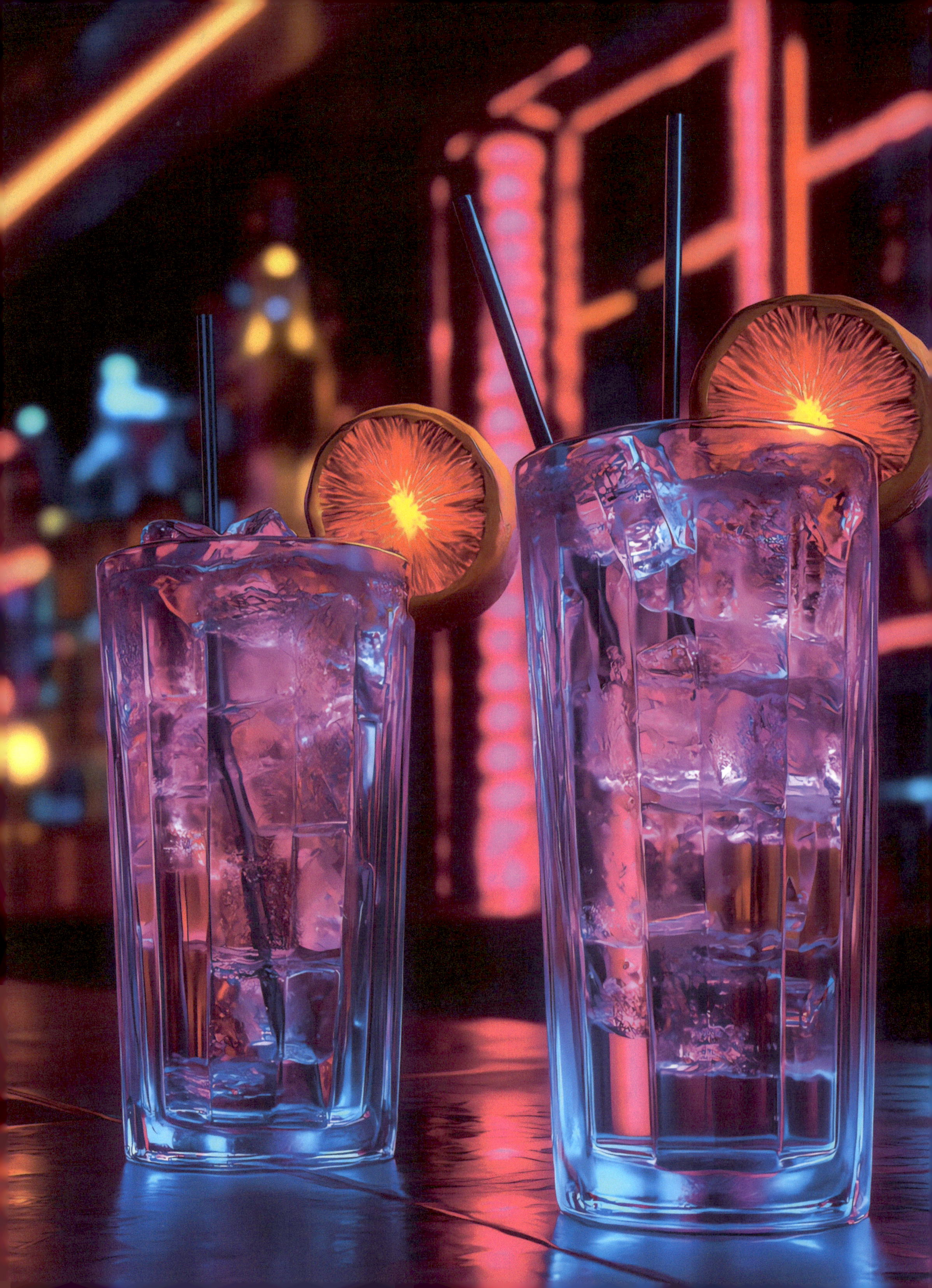

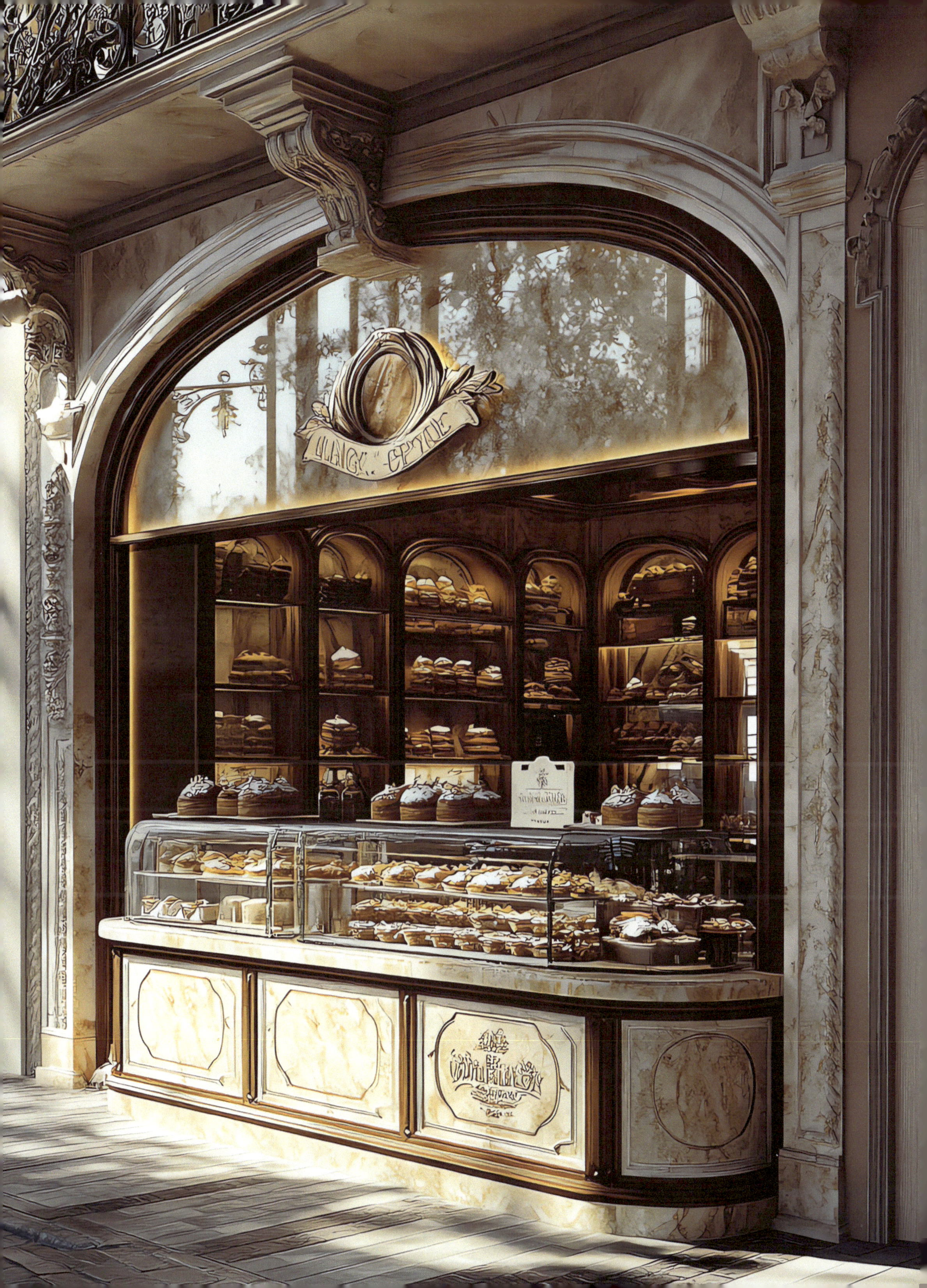

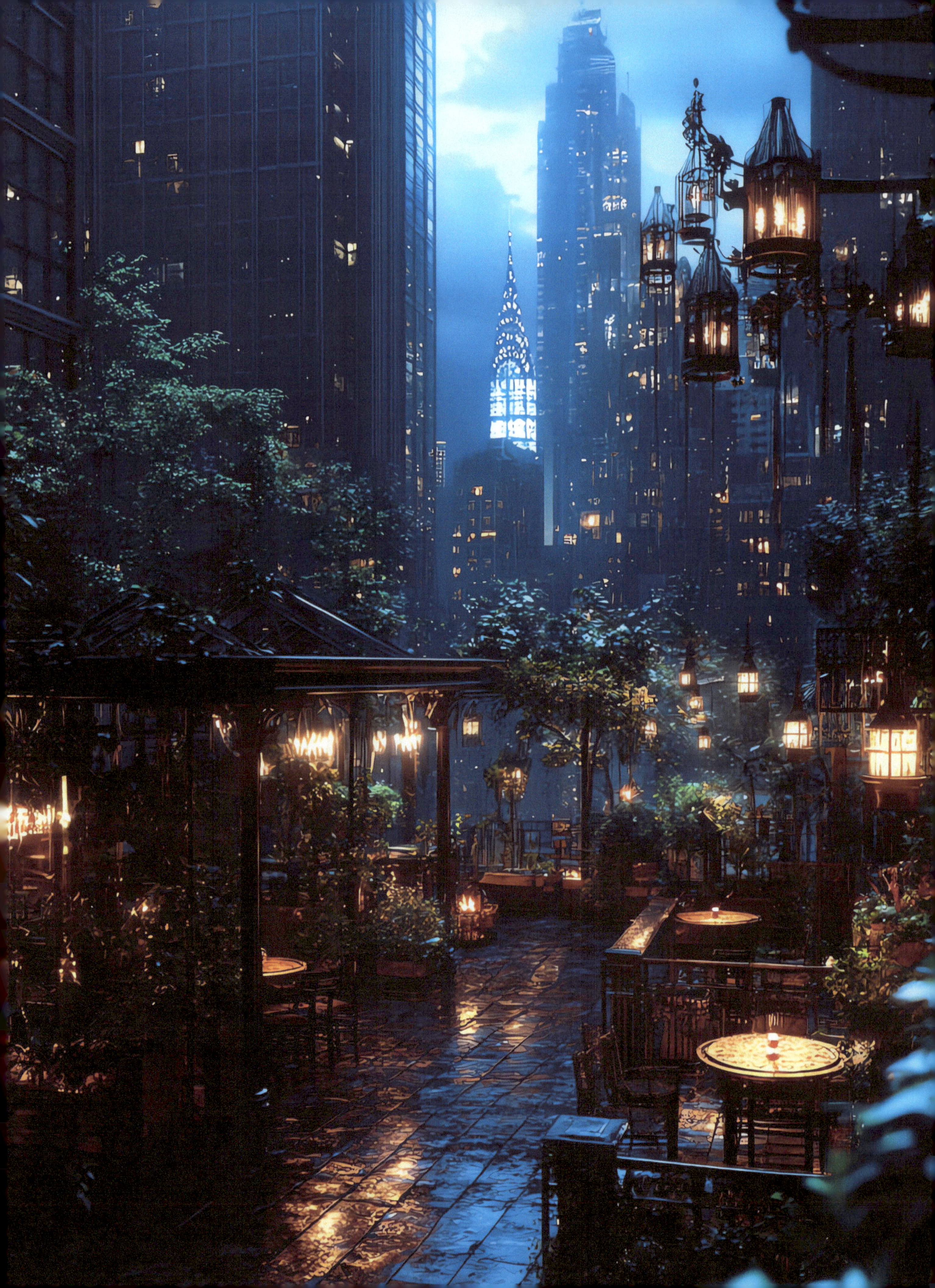

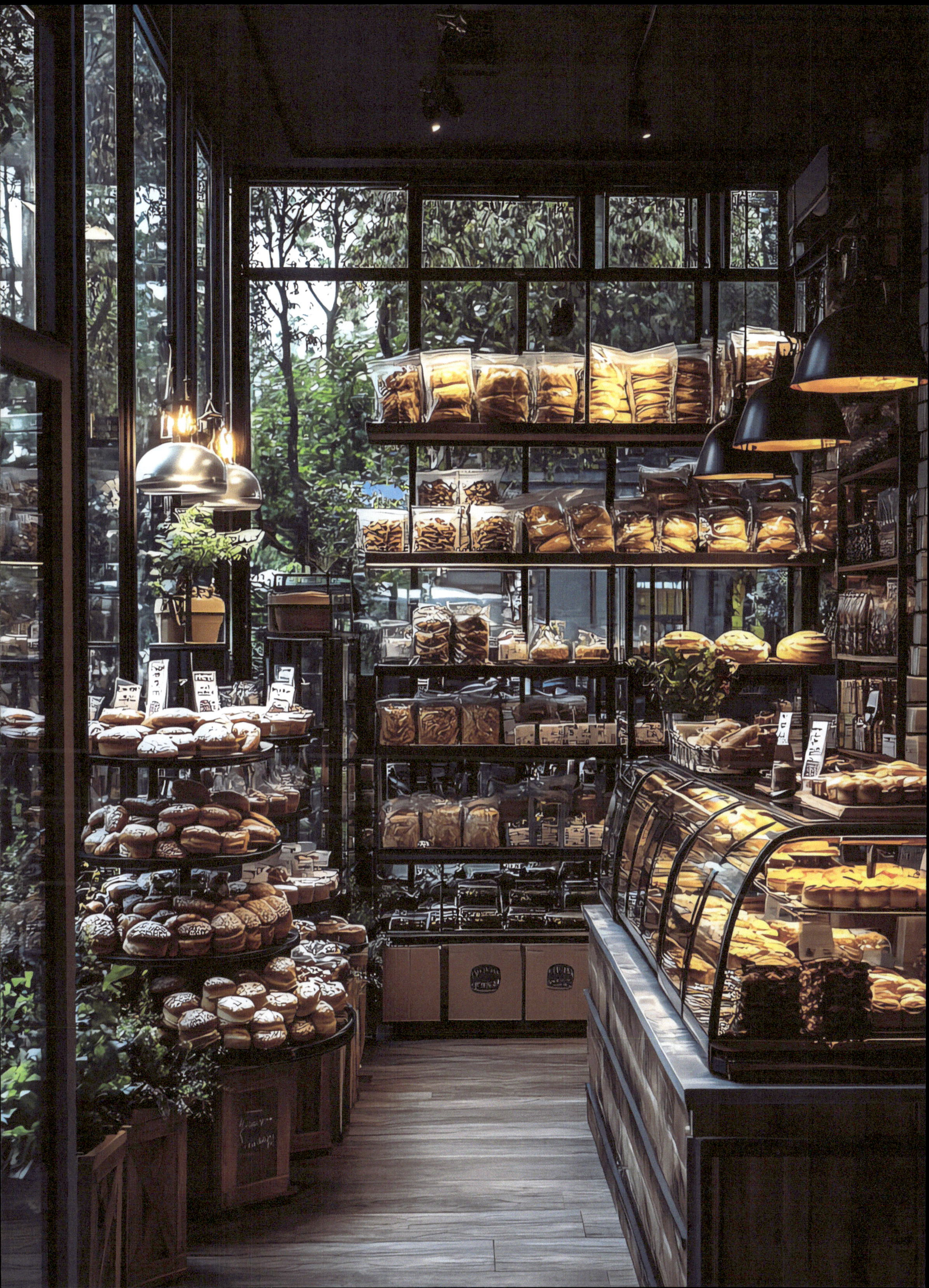

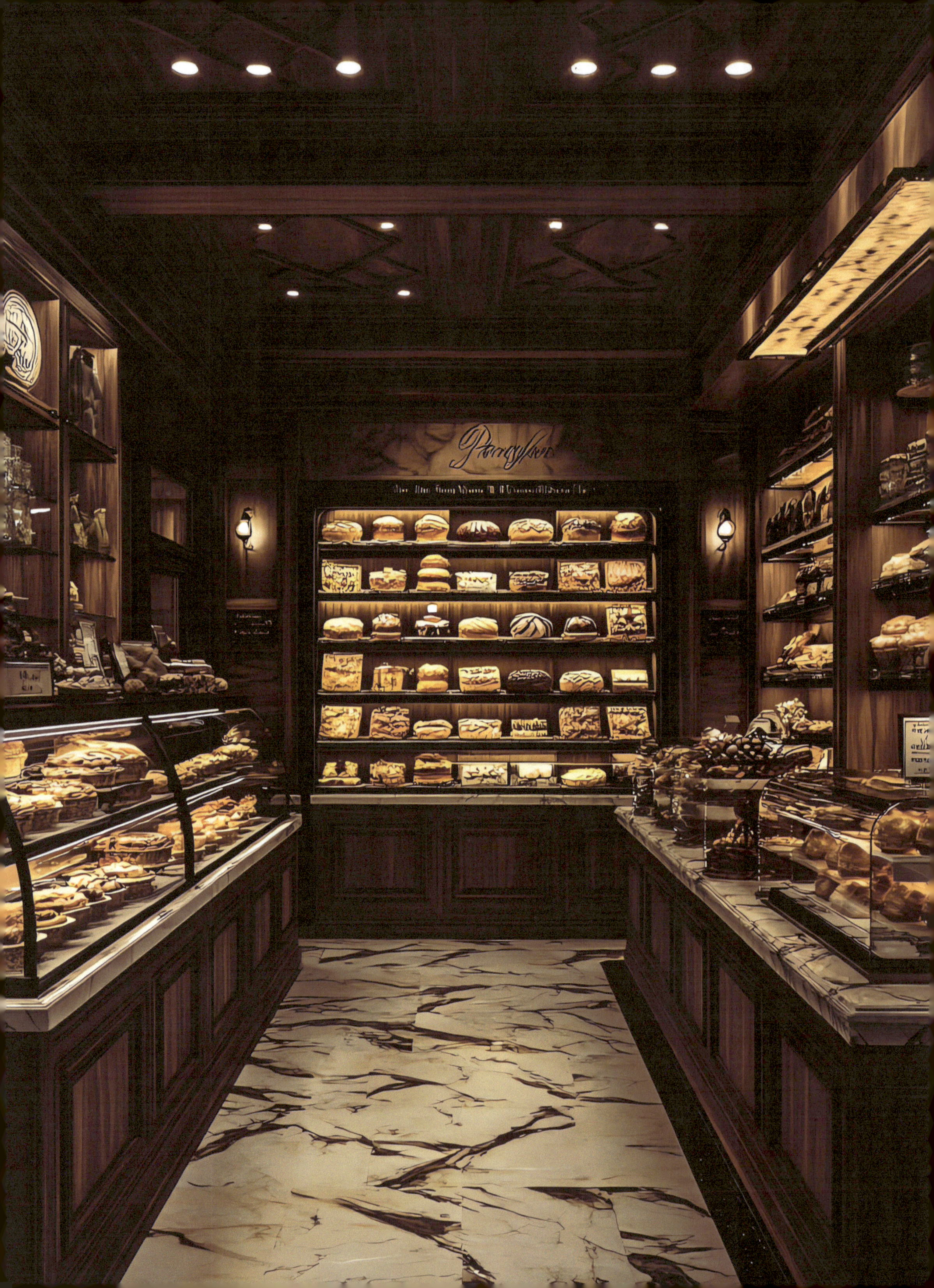

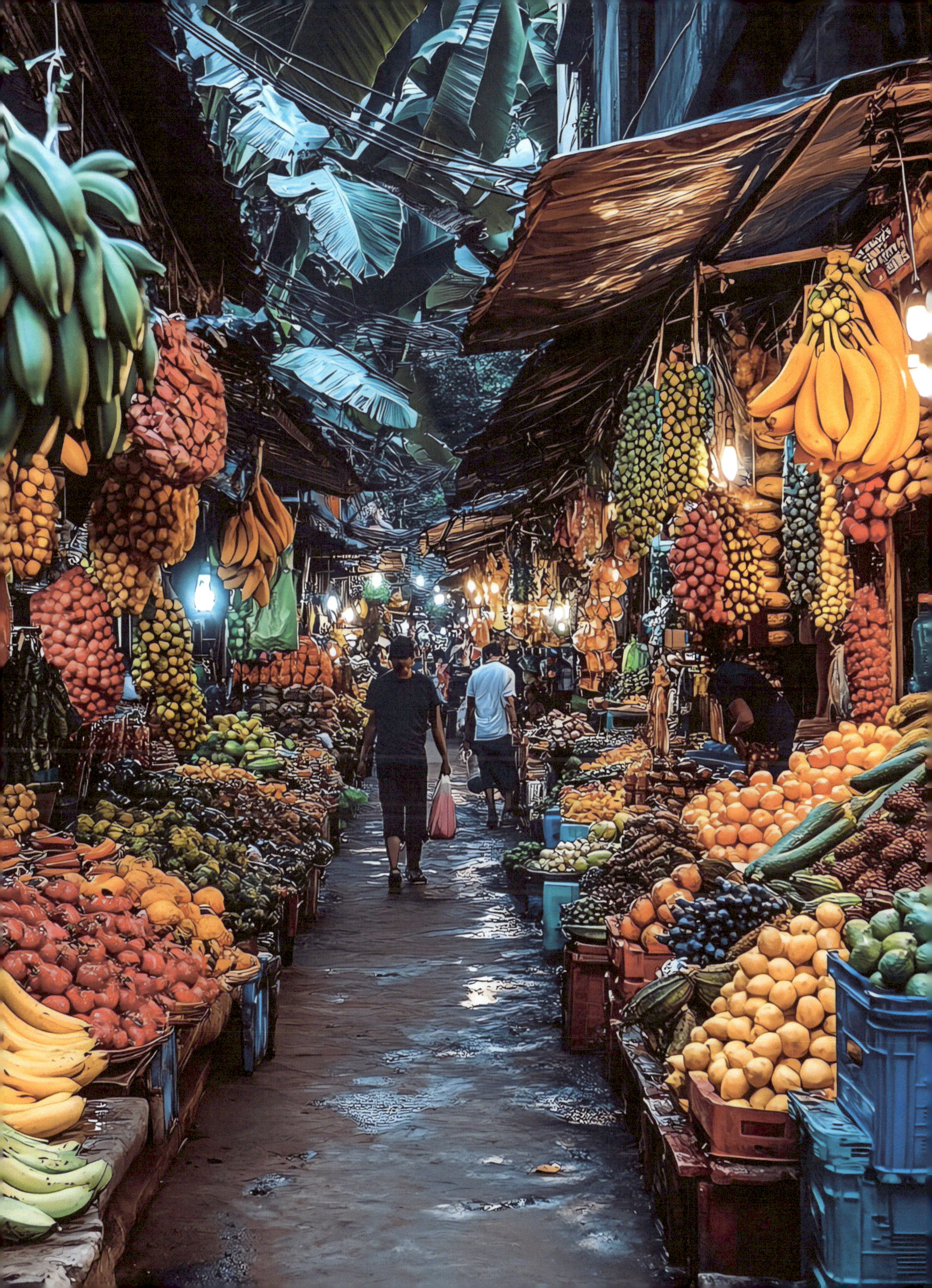

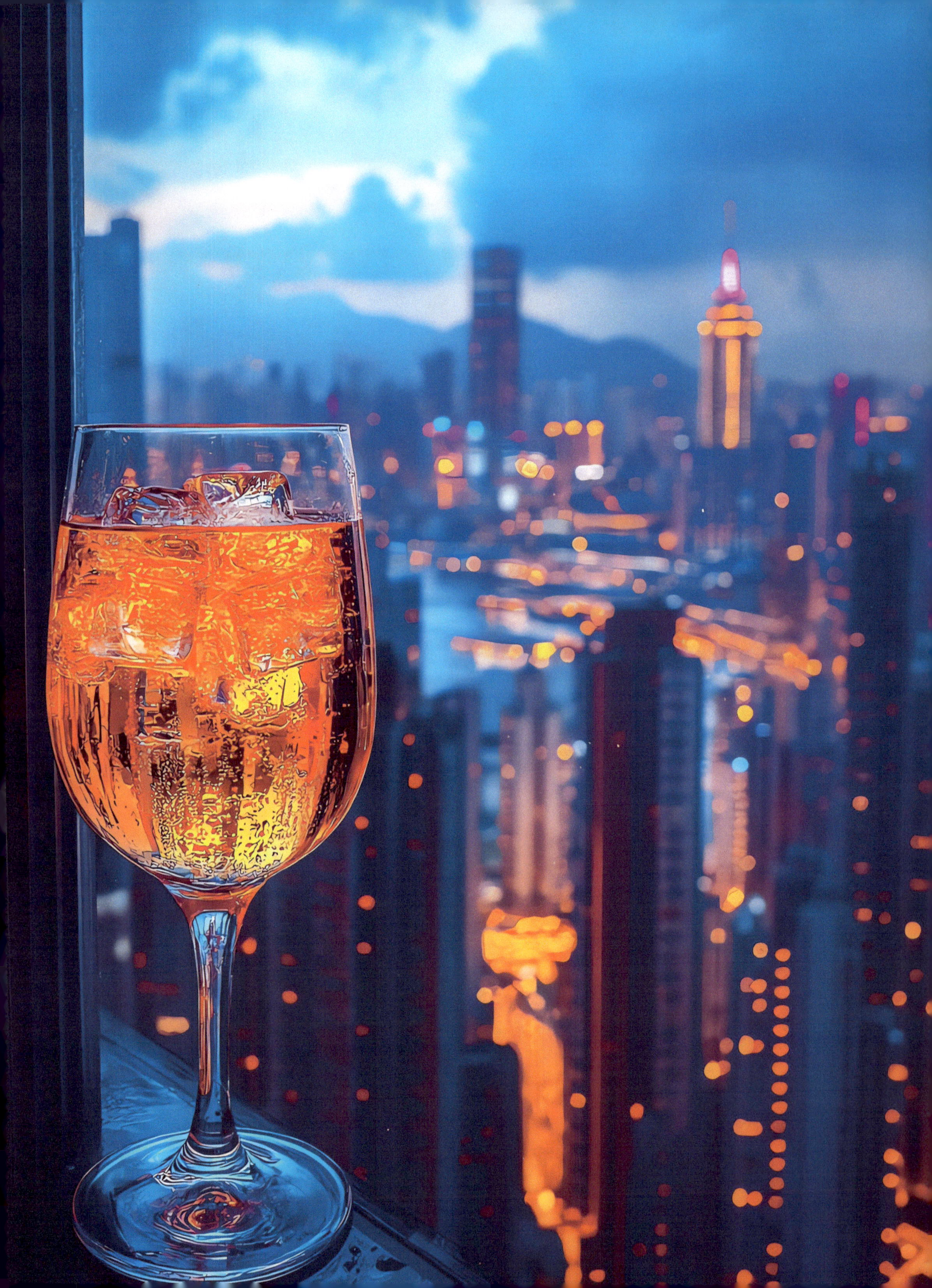

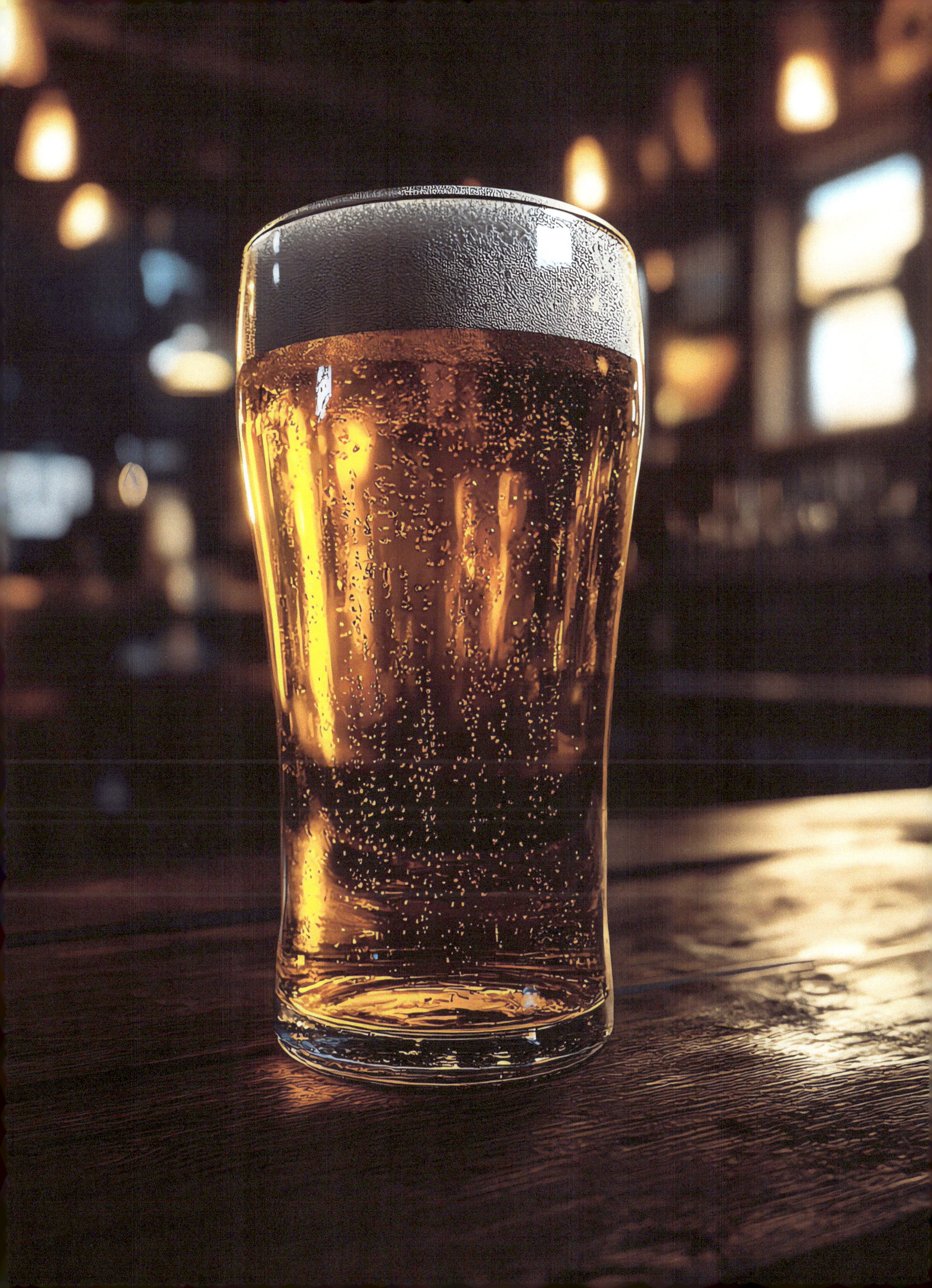

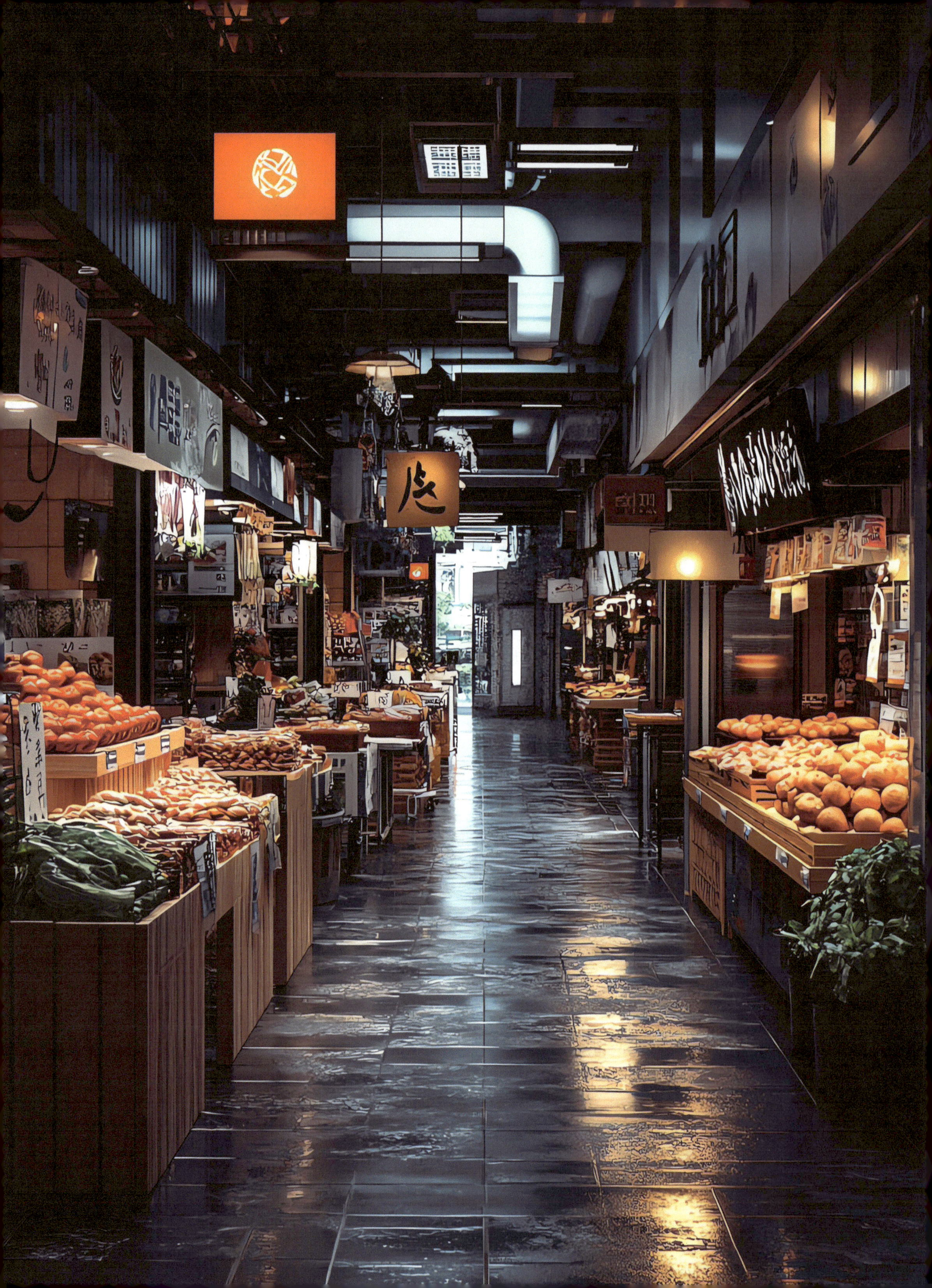

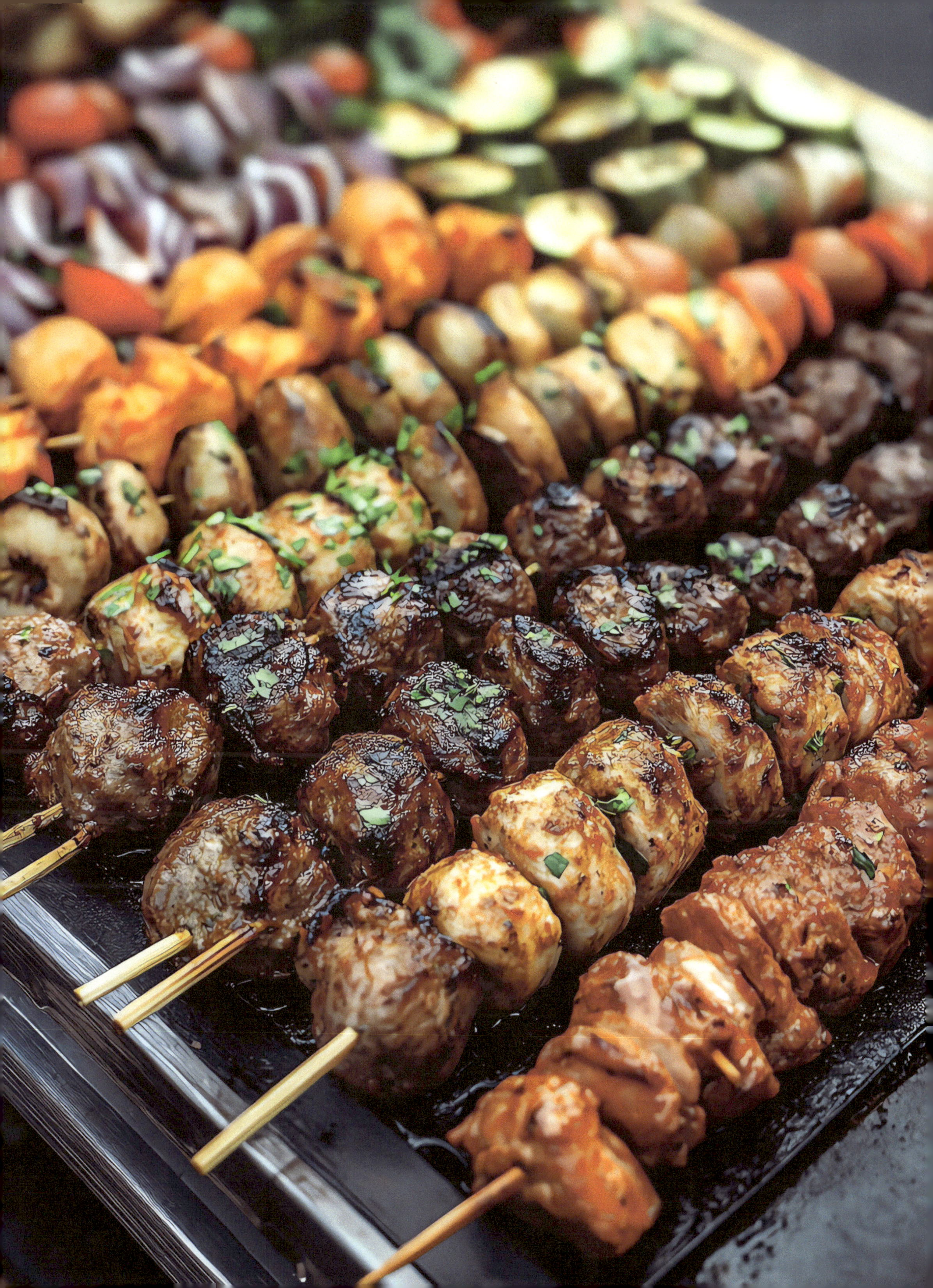

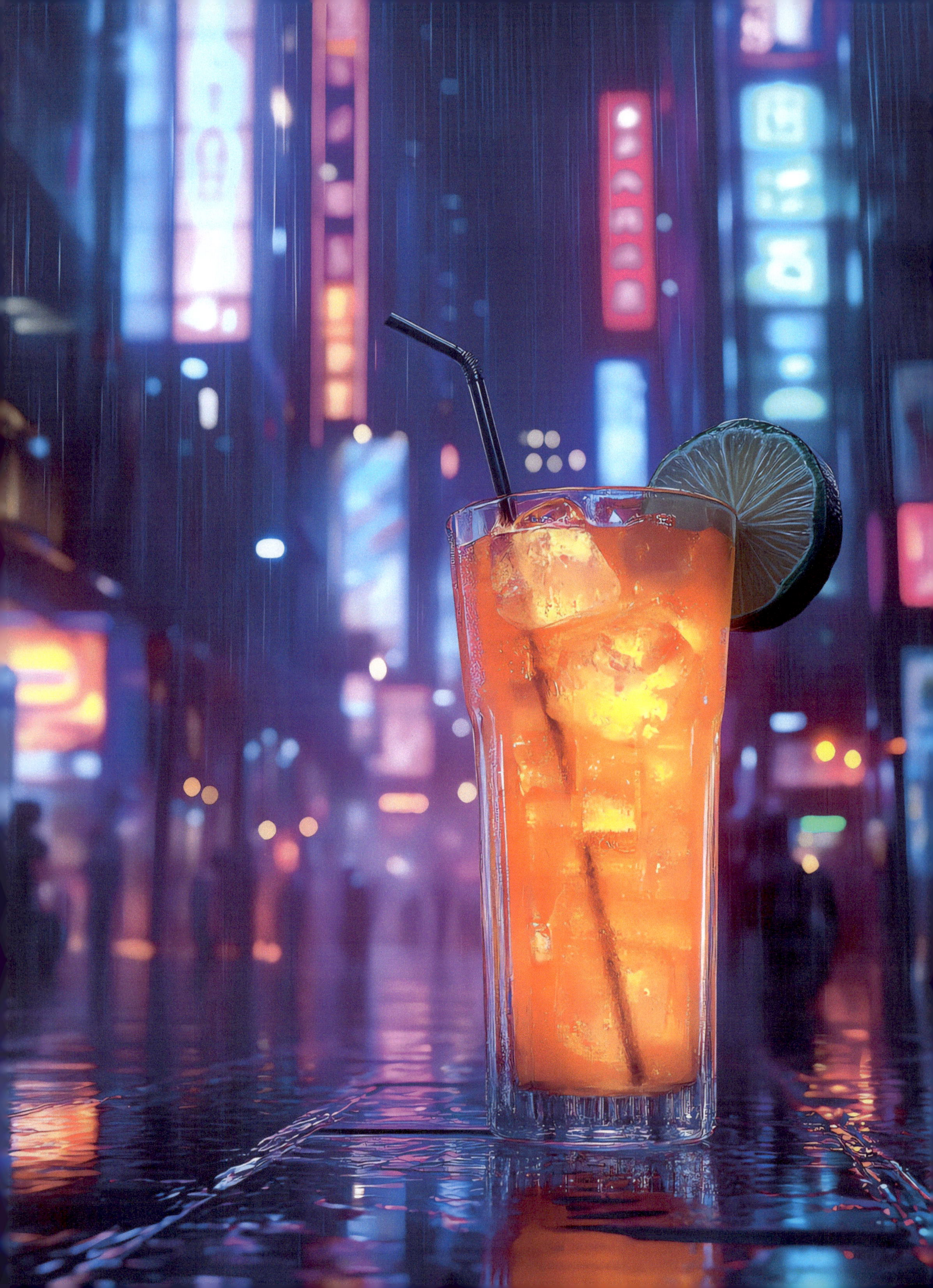

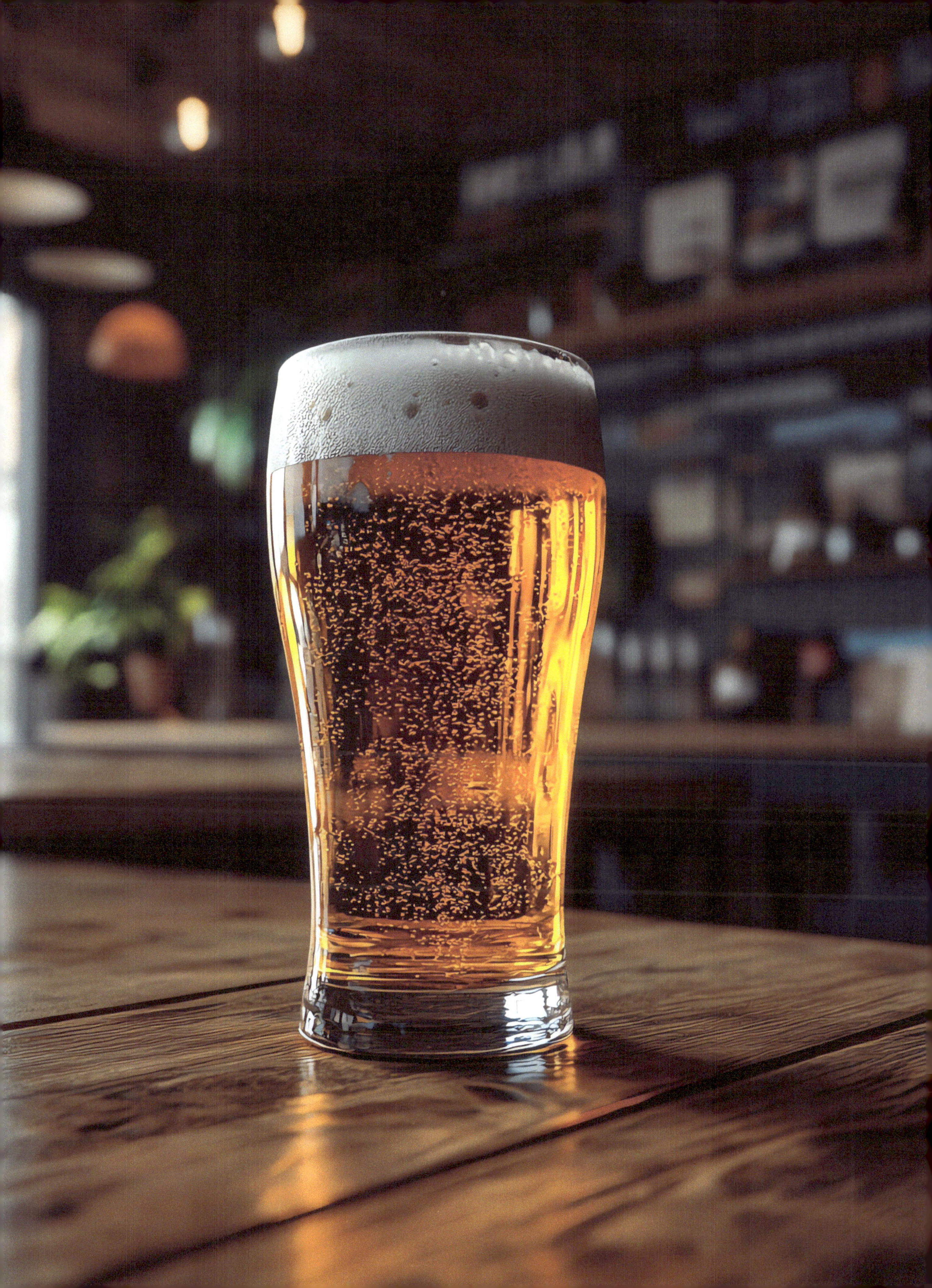

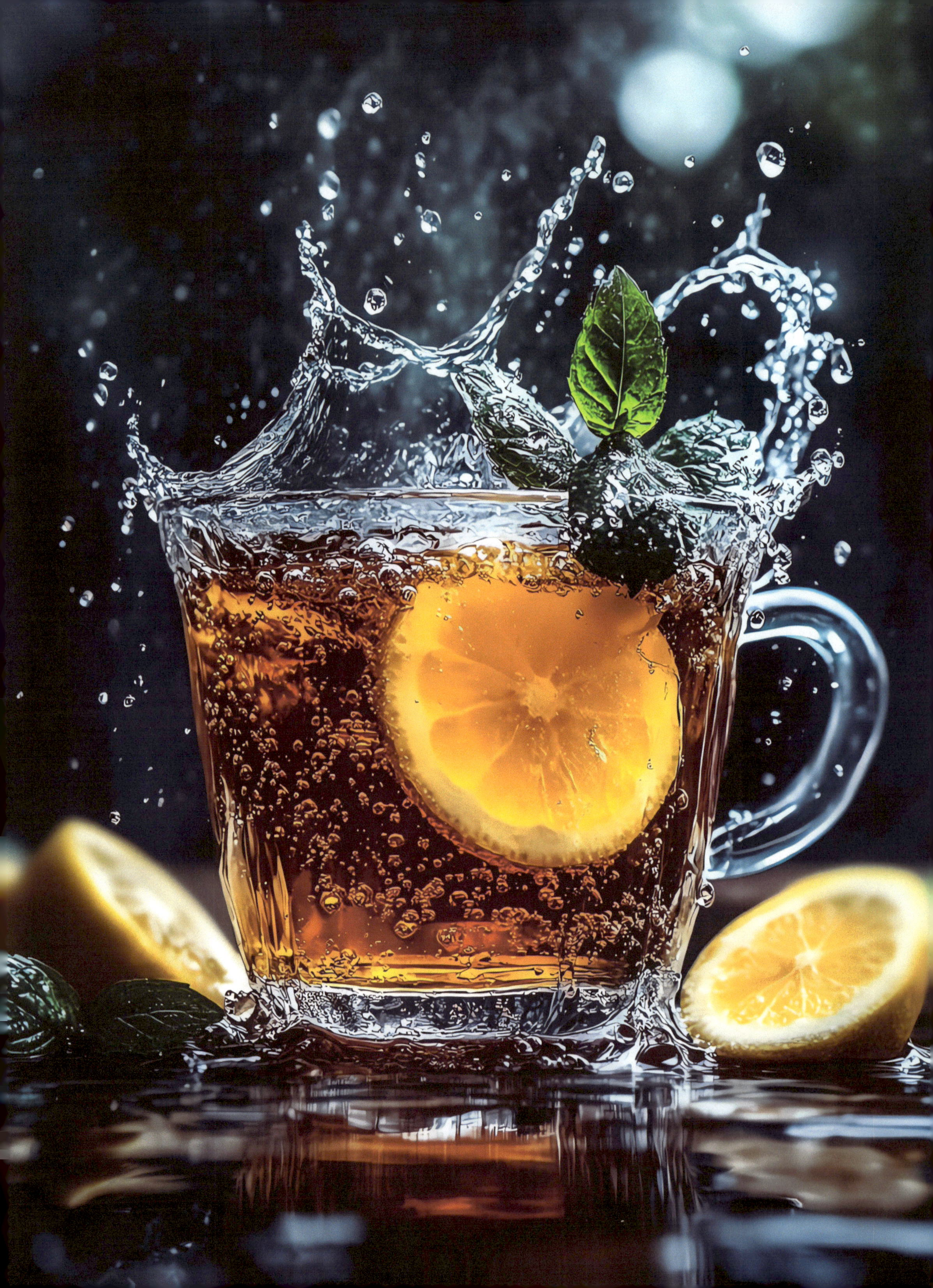

www.ingramcontent.com/pod-product-compliance
Lightning Source LLC
Chambersburg PA
CBHW040432220526
45473CB00004B/1417
* 9 7 9 8 3 0 2 2 6 2 9 4 3 *